主体的なチームを創る実践型プログラム

ビジネスワークアウト

BUSINESS WORKOUT

著 株式会社HRインスティテュート
編著 代表取締役社長 三坂健

Discover BP
ディスカヴァー ビジネスパブリッシング

はじめに

本書を手に取られた方、こんにちは。本書に興味を持ってくださったということは、おそらく何らかの立場で所属する組織やチームの力を最大化するために「人材の育成」と真剣に向き合われている方ではないかと思います。

本書は、「主体的な人材を育成したい、チームを創りたい」「主体的に行動する組織やチームを創れる〝後継者〟を育てたい」といった想いや問題意識を持った方に向けて、「ワークアウト」の手法とその実践方法をお伝えする目的で執筆しています。

本書で紹介するワークアウトとは、ひと言で表すと「社員の主体性を培う組織づくり」を実現するための手段です。

そもそもワークアウト（Work-Out）は、米ゼネラル・エレクトリック（ＧＥ）で採用されている問題解決や風土改革のための手法の一つです。ＣＥＯだった故・ジャック・ウェルチ氏が、組織の効率性向上と競争力の向上を目指して様々な改革を行う中で、その改革のエンジンとして位置付けました。

もともとはタウンミーティングをヒントに導入された手法で、様々な課題を前に、参加者同士が話し合って方策をまとめ、それに対して意思決定者が最終的なジャッジを下す、というボトムアップとトップダウンを組み合わせたようなアプローチがワークアウトです。

一方、私たちが実践しているワークアウトは、GEのワークアウトと、日本企業の特徴である「現場力」に着目した弊社HRインスティテュート創業者である野口吉昭が考えたメソッドを組み合わせたものです。詳しくは後述しますが、私たちのワークアウトでは大きな2つのポイントを重視しています。1つは戦略を立案する、新商品のコンセプトを立てるなど、組織を動かす当事者である社員が主体となって考え、行動し、「具体的なアウトプット」に辿り着くことを目的としている点。そして、もう1つのポイントは、アウトプットを導く過程で人材を育成する点です。社員が経験を積むことで、アウトプットを導くプロセスを学び、小さな成功体験を積み重ね、自然と主体的に行動できるようになるという、人材育成も掛け合わせたプログラムになっています。

社員が主体的に考え行動する割合を高めていくことが組織の生産性向上に欠かせません。ましてや、変化の速い環境において価値を提供し続けるためには、欠かすことができないスキルです。

私が代表を務めるＨＲインスティテュートでは、30年前からこのワークアウトをクライアント企業に導入し、これまでに４００社以上の社員育成と風土改革を支援してきました。そしてその結果として、新たなビジネスモデルのコンセプトや商品コンセプト、ビジネスプランなどの創出にも携わってきました。

人材育成に携わっている方はとうにお気づきかもしれませんが、主体的な社員を育て、主体的なチームを創り、ビジネスを成功に導くためには単に社員一人ひとりに働きかければよい、というものではありません。組織や企業風土、文化を全員が理解し、その強みや個性を活かした環境を整える必要があるのです。

そこで重要になるのが、次の２つのコンセプトです。

・「らしさ」を重視する
・「質のよい」経験学習サイクルをまわす

ワークアウトでは、その企業「らしさ」を最大限に重視します。「らしさ」を意識し、それを軸とした組織づくり、人材育成をすることで、競争優位性が高まるとともに、社員の自律的な行動が促され、結果として社員がその会社に留まる大切な理由の一つとなります。

また、「質のよい」経験→解釈→判断→行動のサイクルを通じて、日々推進される事業、そして現場での経験や関わりをよりよいものにし、何よりもその組織や人材に気づきを与え、成長を後押ししていきます。

これらを継続することで指示待ちの現場に変革がもたらされ、社員が主体的に考え、行動するカルチャーが組織の中に形成されていくのです。

ここまでが、私たちが提案するワークアウトの概要です。このワークアウトをあなたの会社でスムーズに実践していただけるように、本書は次のように構成しています。

第1章　ワークアウトとは何か
第2章　「らしさ」と「質のよい経験学習」の追求
第3章　ワークアウトの導入プロセス
第4章　ワークアウトの事例

まず1章は、ワークアウトの概要と背景についての理解を深める内容としています。実際にワークアウトを導入し、実践していく際に「なぜ必要なのか」「何のために実行しているのか」をしっかりとイメージしながら進められるようになるはずです。

2章では、前述したワークアウトの2つのコンセプトについて深掘りをします。あなたがご自身の会社の「らしさ」と向き合い、これからどうしていくべきかについて深く考えるきっかけになってほしいと思っています。そして、「質のよい」経験学習とは具体的にどういうもので、そこから得られるものは何なのか、についても言及します。

3章では、2章までのアプローチを汲み、実際にあなたの会社でワークアウトを導入するために必要なステップを紹介します。どの順番で、誰をどう巻き込んで、仕組みをつくりあげるのか、そのプロセスを体系的にイメージできるようにしています。

そして4章では、実際にワークアウトを実践している企業の事例をご紹介します。ワークアウトを実施する中で陥りがちな課題や、それをどう乗り越えてうまく運用しているのか、他社の事例を参考にしてほしいと思います。

以上が、本書の大まかな流れです。そして、ここで私が代表を務めるＨＲインスティテュートという会社の紹介をさせてください。

私はこの会社で代表取締役社長兼プリンシパルコンサルタントという肩書で仕事をしています。ＨＲインスティテュートは１９９３年に野口吉昭、稲増美佳子、染谷文香の3名によって創業された組織・人材開発に軸をおいたコンサルティング会社です。これまで30年以上にわたって多くの企業、そして企業にお勤めの社員のみなさまにコンサルティングやトレーニングを実施してきました。私はもともと損害保険会社の社員として働いていたのですが、ＨＲインスティテュートが掲げる「主体性を挽き出す」という理念に共感し、２００3年に加わり、以来20年以上にわたって企業・社員のみなさまの支援をしています。

「主体性を挽き出す」というのは、HRインスティテュートの創業当初からのミッション（理念）であり、メンバー全員が大切にしているバリューであり、行動の指針となっています。あえて「引く」ではなく「挽く」と表現しているのには意味があります。主体性はコーヒー豆を挽く時のように、じっくりと、深く関わることでじわじわと挽き出されていくものだからです。そうして主体性を発揮できる人を一人でも増やすこと。それが私たちの役割だと考えています。そのためには、その人自身への働きかけはもちろん、その人が所属する組織の環境をよりよくすること、そして時に伴走して共に考え、共に行動し、共に成果を受け入れることが重要だと考えています。

この「主体性を挽き出す」という考え方を最もよく表したアプローチが本書のテーマであるワークアウトです。

本書を通じて読者のみなさまにワークアウトの手法をお届けすることで、より多くの組織にワークアウトのコンセプトが浸透し、一人でも多くの経営者、役職者、現場リーダー、組織開発担当者、育成担当者、そして一人ひとりの社員、メンバー、関係するスタッフといった方々の主体性が挽き出され、次の一歩を生み出すことにつながることを願っています。

BUSINESS WORKOUT 目次

第2章

「らしさ」と「質のよい経験学習」の追求

Step 4 「質のよい行動」で結果を生み出す

第3章 ワークアウト導入のプロセス

第4章 ワークアウトの事例

第1章

ワークアウトとは何か

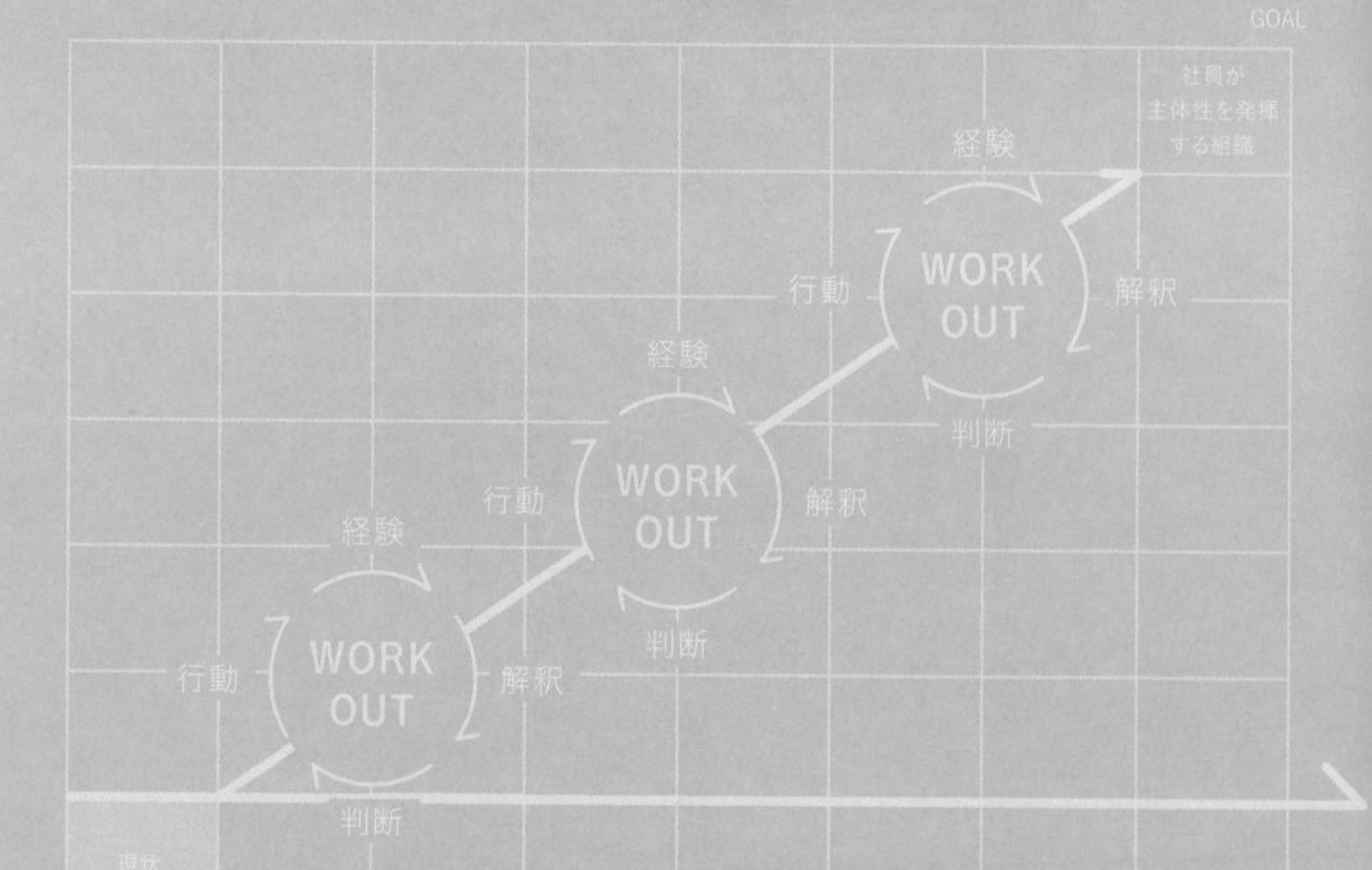

「人が足りない」社会での戦い方

突然ですが、みなさんの会社は人が足りていますか？　おそらく「Ｙｅｓ」と言い切れる方は少ないのではないかと思います。人と組織に関わる仕事をしていると多くの相談をいただきますが、その中でも多いのが「採用」についての相談です。「人が採用できない」「採用した人がすぐ辞めてしまう」「社員が休職になってしまって現場の人が足りず、残業が大変なことになっている……」などです。多くの企業が抱えるこうした採用の悩みというのは、今後解消できるのでしょうか。

残念ながら、現状を踏まえると答えはＮｏです。

マクロ的に見て、この先日本の人口は減少します（図1）。それによって労働人口も減少し、ますます採用できる社員の対象数は減っていきます。日本に来てくれる海外人材に希望を見出したいところですが、日本の賃金は世界的に見ても高い水準とは言えず（図2）、一方で成長著しいアジア諸国の賃金は上がっていきますから、望みは薄いと考えられます。

図1 日本の人口の推移

日本の人口は近年横ばいであり、人口減少局面を迎えている。
2060年には総人口が9000万人を割り込み、
高齢化率は40%近い水準になると推計されている。

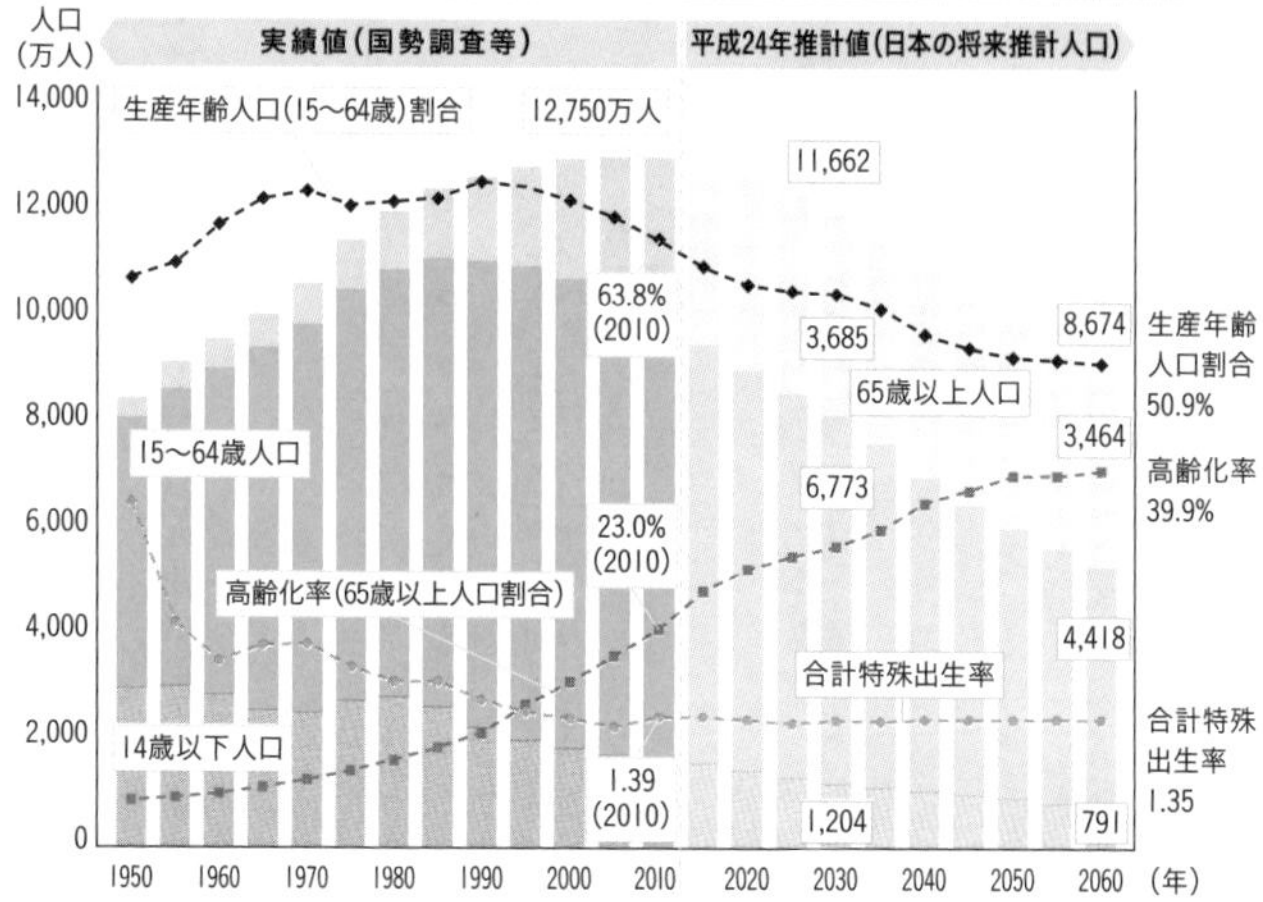

(出所) 総務省「国勢調査」及び「人口推計」、国立社会保障・人口問題研究所「日本の将来推計人口(平成24年1月推計):出生中位・死亡中位推計」(各年10月1日現在人口)厚生労働省「人口動態統計」

図2 1人あたり雇用者報酬(USドル換算)

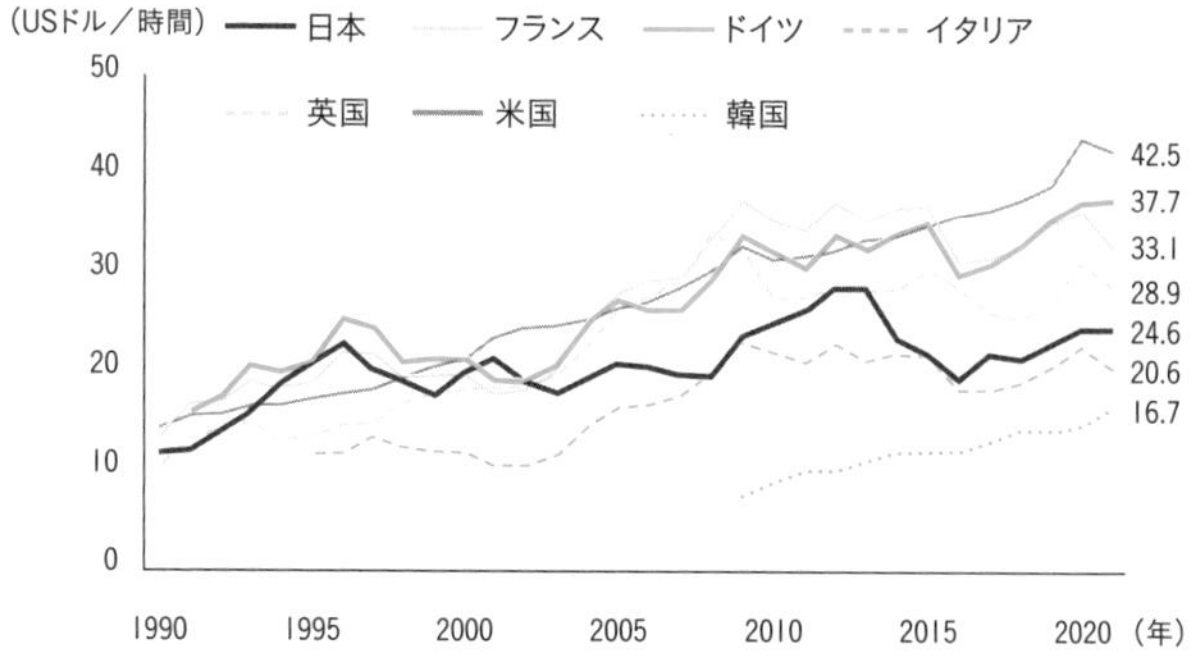

出典:リクルートワークス研究所「世界の賃金・経済状況を比較する ― 日本経済は1人負けなのか」

では、人が足りないこの社会で、事業を継続させ、組織として成長していくためには、企業はどう考え、実行に移していく必要があるのでしょうか。

大きく分けると次の4つの方針が考えられるでしょう。

①業務自体を効率化する(減らす、なくす、移管するなど)
②ロボットやAIを導入し、人以外のリソースで対応する
③フリーランスや元社員、他社の副業社員と協業する
④在籍する社員一人あたりの生産性を高める

①は業務の見直しです。自社が提供する価値を再定義し、価値を生む業務にリソースを集中させ、それ以外は減らしていく、という考え方です。人の確保が難しければまずこれに取り組む必要があるでしょう。
②と③はすでに検討をしている企業が多いと思います。AIをはじめとしたテクノロジーが目覚ましい進化を遂げ、人々の働き方も柔軟になっていく中で、より一層活用することが前提となっていくでしょう。

そして、最後に挙げた④が本書のテーマです。社員の採用が難しい中で、在籍する社員一人あたりの生産性をどう高めるか、ということは企業の命運を担うカギとなるのです。

社員の生産性を高めるとはどういうことか

「社員一人ひとりの生産性を高める」——。言うのは簡単ですが、これを実現するにはとても大きなエネルギーが必要になります。ただでさえ人手不足で日々忙しく働く社員です。働く目的や働き方も様々な彼らの生産性を高めるためには、どうすればよいのでしょうか。

そのヒントは、社員自らがそれぞれの仕事を「デザイン」する、デザイン思考にあると私たちは考えます。デザイン思考とは、現場起点で業務を遂行し、組織のスピードを高めるために社員が自らの仕事をデザインすることを意味します。

仕事におけるデザイン思考は、2002年に米・デザインファームIDEO社の手法として紹介されました。同社の定義によると、「デザイン思考とはデザイナーの感性と手法を用いて、ユーザーのニーズと技術的な実現性、ビジネスとしての持続性を確保するための戦略を整合させていくことで、顧客価値をマーケット機会に変容させていく手法」とされています。

このデザイン思考を理解するために、元IDEOデザインディレクターの石川俊祐氏がご自身の著者『HELLO, DESIGN 日本人とデザイン』(NewsPicksBook)で語られた内容を紹介します。

たとえば、ぼくが初めて「デザインした」のは5歳のとき。

とても暑い夏の日、家に来た汗だくの郵便局員さんに「はい、どうぞ」と冷たい氷水を差し出したことです。

親に言われたわけでもなく、自分で観察し、水に氷を入れたコップを差し出したあの時が、間違いなくぼくのデザインの原点でした。

顔を赤くし、シャツをびっしょり濡らしている郵便局員さんを観察し、「喉が渇いている」という課題を見つけた。そして、その課題を「氷で冷えた水を渡す」ことで解決しようと企てた。そうして、「爽快な体験」を提供したのですから。

この事例は、誰もが自らの意思で観察し、課題を見つけ、解決できること、つまり「デザインできる」ことを表しています。

「デザイン」とは辞書によると「目的を持って具体的に立案・設計すること」とあります。

社員一人ひとりが言われたことをただこなすのではなく、こんな風に仕事を自らデザインする思考を持つことができれば、マネジャーや経営者にとって、これほど心強いことはないはずです。ただ一方で、こうも思われたのではないでしょうか。「そのように理想的な人材に成長させるのは簡単ではない。できるかどうかは個人のやる気や能力に依存する」と。

その考えは間違っていないと私たちも思います。人ひとりの成長を促すことは簡単なことではないと、これまで何千人もの人材育成に携わってきた中で強く感じています。しかし、「簡単ではないが、不可能ではない」と今は確信を持って言えます。適切なステップを踏んで場を経験することで、誰でも主体的かつ成果を出せる人材に成長できるはずです。そして、その「場」の一つが本書の肝である「ワークアウト」なのです。

主体性を培う「ワークアウト」

では、私たちが提供しているワークアウトがどのようなものか、改めて詳しくお伝えします。

「はじめに」でも触れたとおり、私たちが提供しているワークアウトは「主体性を培う組織づくり」を支援するプログラムです。ポイントは結果を創出するコンサルティングだけではなく、人材を育成する研修だけでもない、その両方を同時に実現するための「プロセスコンサルティング」であるということです。現場を中心としてテーマを決定し、参加メンバーがテーマに沿って戦略を立案したり、問題を解決したりするプロセスを支援していきます。

こうしたプロセスコンサルティング型のプログラムであるワークアウトの開発は、HRインスティテュートの創業者である野口吉昭の問題意識が出発点になっていいます。

およそ30年前、欧米からコンサルティングの概念が持ち込まれました。長年コンサルティングファームで企業の戦略立案や課題解決の支援をしてきた野口は、欧米に多いトップダウン型マネジメントのコンサルティングは、ミドルアップダウン型マネジメントが多い日本の企業にとって、はたして最適なのか、という疑問を抱きました。

実際、コンサルティングによって「戦略」は立案されたものの、それが現場を起点に考えられていないトップダウンベースのものだということで、実際には機能していないという場面を野口は数多く見てきました。

「成長する企業は、現場が強い」

そう強く感じていた野口は、それまでのコンサルティング・スタイルを革新する必要がある、と結論付けました。そこから、アウトプットをコンサルタント自らが行うスタイルではなく、現場の社員が生み出すことを支援する「プロセスコンサルティング」のスタイルを着想したのです。

そして、それをどう実現するかを考えた際に着目したのが、野口がコンサルタントの前職として勤務していた建築設計事務所時代に関心を寄せていた「ワークショップ」という手法でした。ワークショップとは、米国の造園家・ガーデン及び環境デザイナーでもあるローレンス・ハルプリン氏が実施していたダンス、音楽、アートなどに携わるプロを集めて、アートホールの基本設計を考えたり、地域住民とテナントオーナーたちによって、商店街ストリートの基本設計を編み出したりする、課題解決のアプローチです。

野口はこの「ワークショップ」と先述したGEの「ワークアウト」の思想を取り入れつつ、そこに日本特有の企業経営、人材育成に必要なエッセンスを組み合わせることで、今、私たちが実践している独自のワークアウトの基礎を開発しました。

時代とともにワークアウトはブラッシュアップを続けていますが、その根本は今も変わりません。戦略や課題解決のプランをコンサルタントが考え、つくりこむのではないからこそ、いかに参加するメンバーがアウトプットを生み出すことを支援し、人材育成につなげるか、という点で私たちは工夫を凝らしています。

具体的には「環境分析の見方・考え方、環境分析のやり方、仮説の立て方、戦略のフレーム、戦略のつくり方」などを「アウトプットイメージ」として事前に作成し、プログラム参加メンバーへ提示し、その分析や作成を伴走しながら行う、というアプローチです。

初めて自部署を越えて戦略立案に挑むメンバーにとっては、何から手をつけていいかがわかりません。そのため、「アウトプットイメージ」を事前に作成し、期待値を調整してから実際の思考と作業に入る、というプロセスを実践します。

また、その「アウトプットイメージ」をベースに戦略を立てるには、一定の知識が必要になります。そのため、私たちが行うワークアウトの序盤では必ず講義を実施しています。講義のテーマは「マクロ環境」「戦略の基本」「マーケティングの基本」「ビジネスモデルの基本」「課題解決の基本」などです。このほか、必要な書籍や動画はすべてチェックしてもらい、自己学習の習慣もつけていただいています。

これらにより、参加するメンバーはコンサルタントの知見を得つつ、自ら学習し、「アウトプットイメージ」に沿って自社の戦略や自部署の課題解決策を立てることができるようになるのです。

ワークアウトは課題解決を目的とするだけでなく、次の経営陣を育成し、選抜する

図3　ワークアウトとは

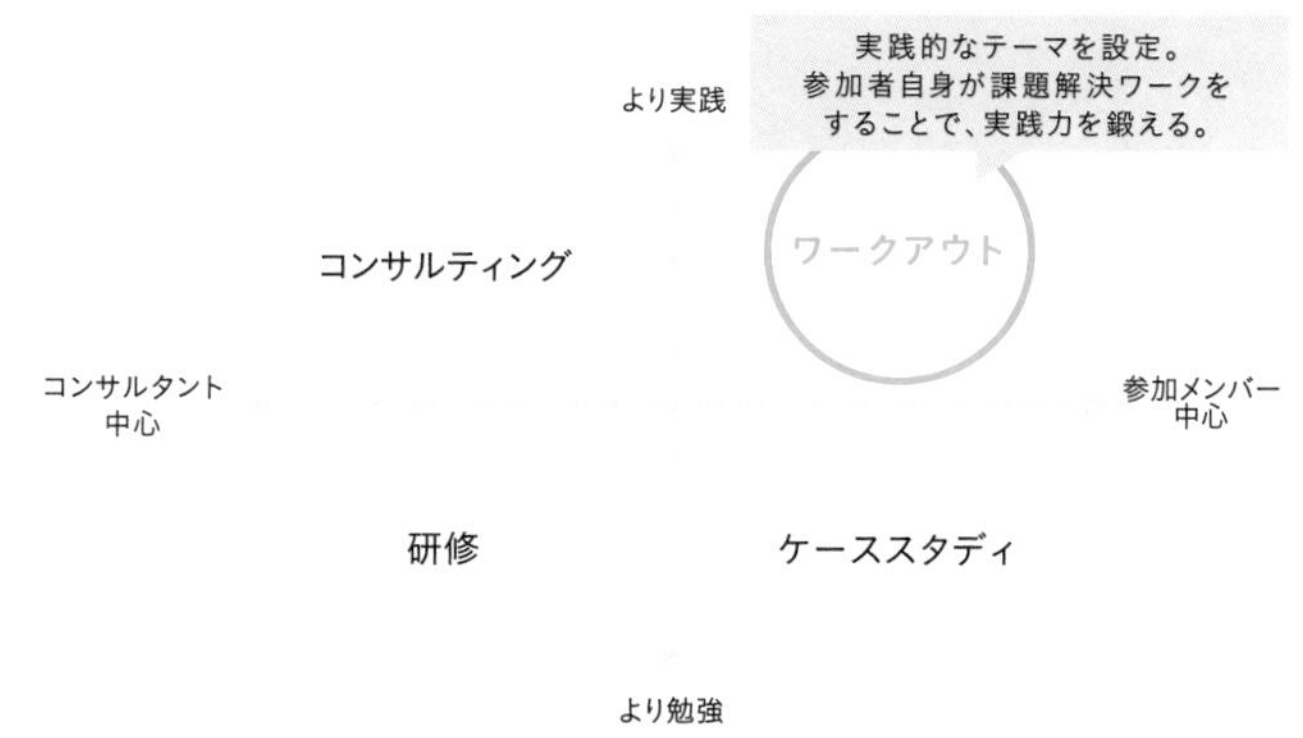

主体は参加者	ファシリテーターのもと、参加者が主体的にテーマ・目標の達成に臨みます。
人材育成の機会になる	ワークアウトを通じ、より視座を高めて戦略の立案や業務改善を実践することでスキルや実践力が定着しやすい。
ビジネス成果と直結	経営課題や現場の問題解決をテーマとして設定することで、ビジネス上の成果に寄与する。

取り組みとしても重要視されています。ワークアウトでは、スポンサーとして位置付けられる経営者や事業部長クラスの方々は必要な「問い」と「経験」と「フィードバック」を提供し、最終的な「意思決定」を行う役割を担います。そうした環境において、最大限主体性を発揮することが求められた社員たちは、相互に仮説を出し合いながら、スポンサーが意思決定可能なアウトプットを準備します。その過程に私たちコンサルタントが関わり、必要なインプット

を提供し、基本は「客観的に」ですが、時に「主観的に」感情を乗せた本気のアドバイスやフィードバックを重ねていきます。この一連の流れがワークアウトであり、このサイクルを繰り返すことで、主体的に行動する社員が育成できる仕組みです。

3つのテーマ設定と5つのコンセプト

ワークアウトを通じて、社内に主体的な人材が育つとともに、社員同士、そして社員と経営トップが対等に会話し、共に考え、行動し、検証を重ね、意思決定を下す、といったミドルアップダウンの文化が形成されていきます。ミドルアップダウンについては後述しますが、ボトムアップでもトップダウンでもない組織的な意思決定のプロセスです。

また、さらにこうした「人材」と「文化」に加えて、ワークアウトを通じて育まれるものはもう一つあります。それが「事業」です。人材を育てることは事業を育てることにもつながります。

具体的に、ワークアウトのテーマ設定は様々ありますが、大きく分けると次の3つになります。

1　既存事業の進化……例：営業戦略、マーケティング戦略など
2　新規事業の構築……例：新商品、新サービスのコンセプト開発など
3　事業を支える本社業務の進化……例：採用基準、人事制度の刷新、業務改善など

こういうことが現場から主体的かつ自発的に行われるようになることが、ワークアウトの成果です。そして、こうしたテーマに分類される具体的な問いを通じて、考え、実行と検証を繰り返しながら人材が育っていきます。つまり、実践と育成を掛け合わせたものになるのですが、その結果として人材だけでなく、事業も育成されていくのです。

こうしたワークアウトですが、ＧＥが生み出す際に日本企業が従来取り入れていたＱＣサークル（同じ職場内で品質管理活動を自発的に小グループで行う活動）や現場による改善活動が参考になったと言われています。

ワークアウトは具体的に次の５つの特徴を有しています。

①スピーディに解決を図ること
置き去りにされている問題や共通課題に焦点を当て、できるだけ早期に解決することを目的に実施されます。そのためワークアウトは一定期間に集中して実施することが多い取り組みです。

②クロスファンクショナルな取り組み
ワークアウトは問題や課題の解決に焦点を当てるため、特定の部署やチームに限らず解決に必要な部署や機能から横断的に人材が集められます。

③ハンズオンで行われる取り組み
ワークアウトは机上の空論ではなく、ハンズオンで現場主導で実施されます。仮説を構築し、実行と検証を重ねながら成果を導き出します。

④ミドルアップダウンの意思決定
ワークアウトによる意思決定は、トップダウン、ボトムアップ、いずれでもなく、

図4　トップダウン、ボトムアップ、ミドルアップダウン

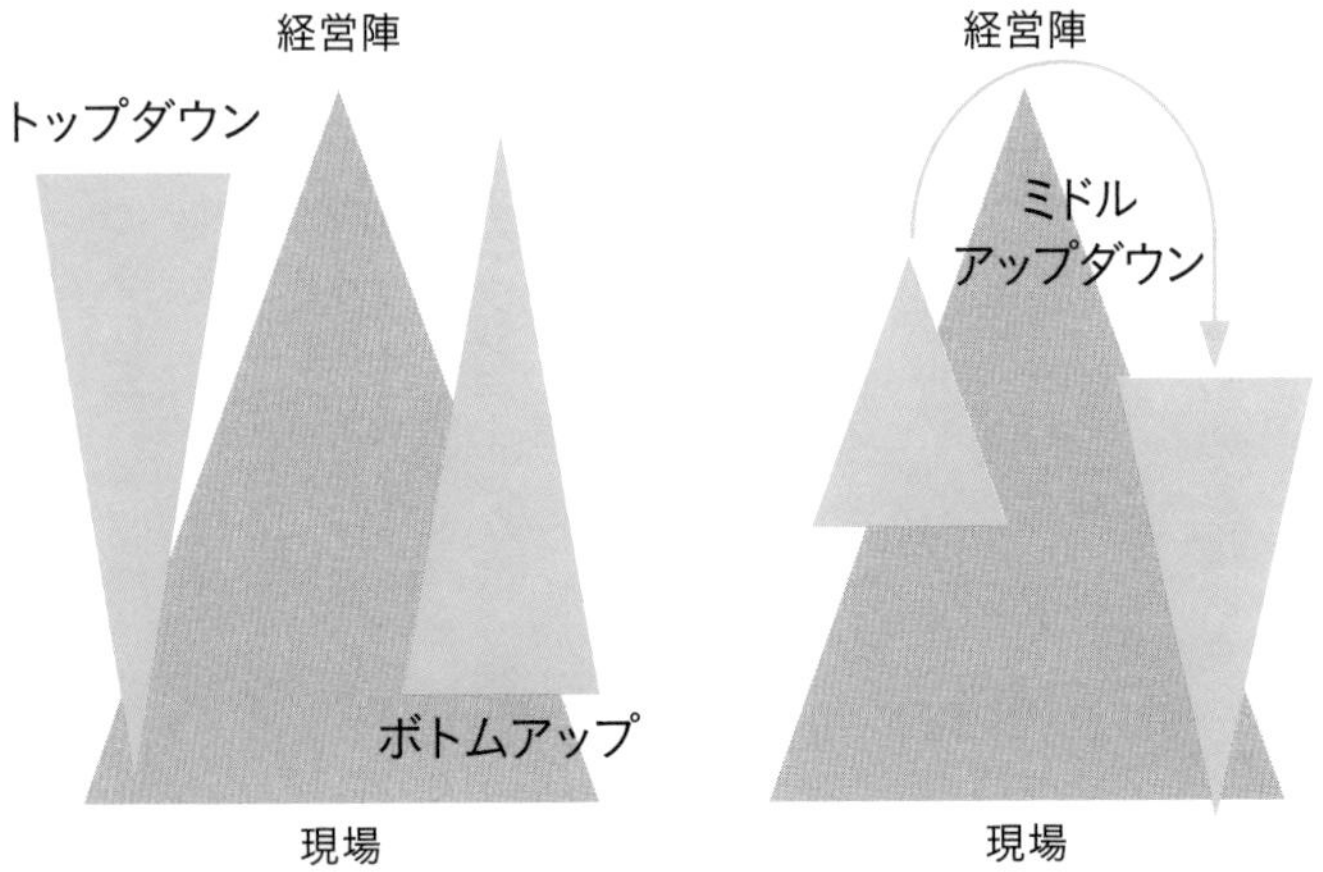

ミドルアップダウンで行われます。ミドルアップダウンとは、ハンズオンで検討したメンバーの意見を踏まえ、トップとやりとりをしたうえで最終的な意思決定がなされ、それが現場に伝わり実際の行動として成果につながる、という意思決定フローのことを指します（図4）。そのため、参加者のみならず意思決定をする立場のスポンサー、それを支える事務局スタッフの役割も重要となります。

⑤アウトプットの可視化

最後にワークアウトでは、アウトプットの可視化が重要です。取り組みによって何が得られたのか、どのような成果に

図5　ワークアウト5つの特徴

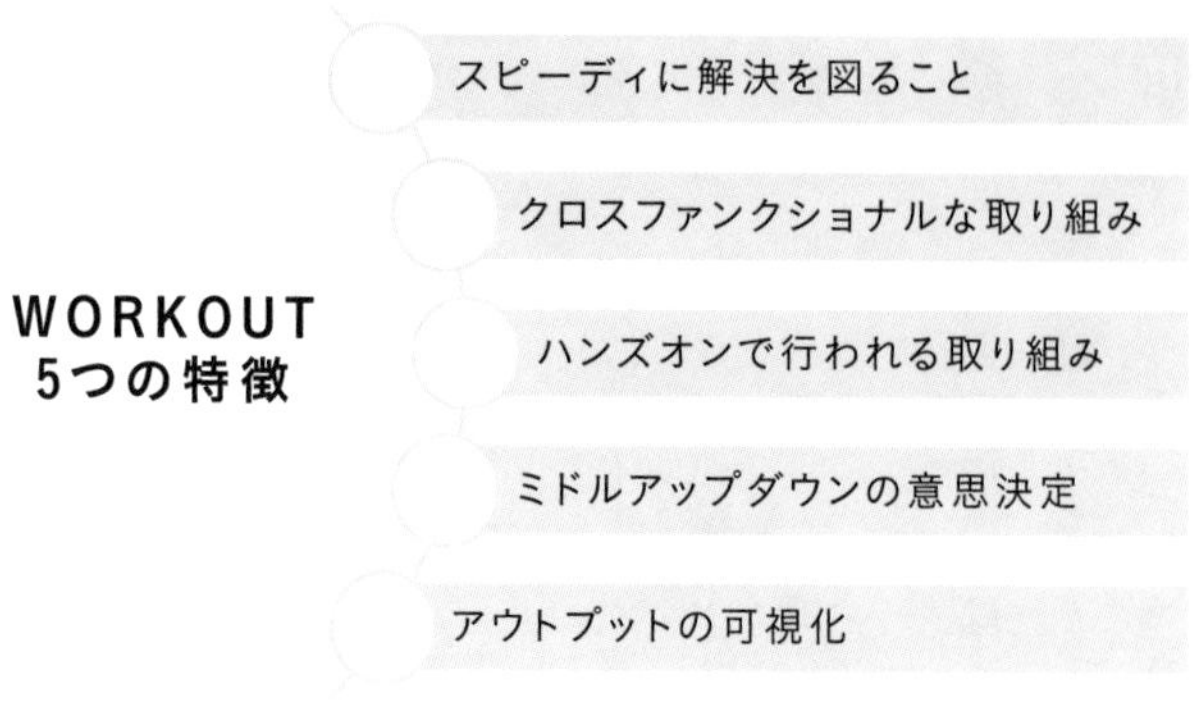

つながったのかを明らかにします。なお、ここで言う「成果」とは、必ずしも定量的な売上や利益だけを表すものではなく、定性的なビジネスモデルの仮説や商品コンセプト、新たなビジネスプラン、組織改革のグランドデザインなども含まれます。

この5つの特徴の中でも、特に④のミドルアップダウンについては、あまり馴染みがないという方も多いでしょう。トップダウンは意思決定こそ早いですが、現場との意思疎通の面で課題があります。逆に、ボトムアップでは意思決定が遅れがちになり、かつ、議論が拡散し、目先の問題にとらわれがちになります。対して、ミドルアップダウンをベースとしたワークアウトでは、その場で話し合われた内容に対してトップが意思決定を下すことで、現場社員の主体的な思考、提言機会を創出できるところに価値があるのです。

組織は「タテ型」から「リレーション型」への変革が必須

ワークアウトにおけるテーマ設定と、ミドルアップダウンを含めた特徴についての理解が深まったら、次は組織のあり方について見ていきます。社員の主体性を高め、生産性を高めていくうえで、組織のあり方は非常に重要です。

国内企業のほとんどの組織にはすでに階層があり、役職が存在します。そしてそれらの企業では、指示は上から降りてきて、階層を辿り、上位の役職者が下位の役職者に指示を出す、という流れで伝達されていきます。特に大企業では、組織を動かしていくうえで階層や役職は欠かせないと言えるでしょう。

しかしながら、こうした「タテ型組織」は統率が効く、という一方で以下のような弊害も生んでしまいます。

・指示を待って行動する社員が増える
・現場の変化を察知した行動をとりづらい
・上からの評価を気にする社員が増える

市場そのものが急激に伸びていたり、商品やサービスの価値が定義されていて売るべきものがハッキリしているビジネスでは、こうしたタテ型組織は効果的に機能します。それは考えるよりも、まず行動することが求められるからです。

一方で、現在の市場環境は単純ではなくなり、あらゆる商品やサービスの価値が飽和し、何を提供すればお客様に喜んでもらえるか、市場に受け入れられるかがわかりづらくなりました。また、経済産業省の資料にあるように、世代によって消費行動は変わりますし（図6）、ＥＣの普及も含めて販路が多様化したり、商品やサービスに関する情報の入手経路も複雑になったりしているため、「正解」を見つけるのは簡単

図6　世代ごとの消費行動について

●世代によって価値観が異なり、
消費行動にも違いがあるとの指摘がある。

●例えば、若い世代のZ世代は、
倫理的であることを重要視したり、
所有にこだわらないなどの特徴がある。

世代による価値観の差異

	ベビーブーマー	X世代 1960-79	Y世代 (ミレニアル) 1980-95	Z世代 1996-2012
時代背景	●第二次世界大戦後の復興期	●高度成長と資本主義・能力主義の全盛期	●グローバル化と社会経済の安定期	●デジタル化、イノベーションと格差/分断の時代
考え方	●理想主義 ●集団主義	●個人主義 ●競争社会 ●楽観的	●懐疑的 ●ワークライフバランス ●ミニマリズム	●複数のアイデンティティ ●多様な価値観 ●理想と現実のバランス
消費行動	●消費はイデオロギー(消費者運動、不買運動など) ●三種の神器など、時代性を実感する消費	●消費は社会的地位 ●高級品やブランドなどステータスを表現する消費	●消費は、「モノ消費」より「コト消費」 ●学び、旅行等、豊かな人生につながる消費	●消費は個性の主張 ●倫理的 ●所有にこだわらない ●徹底的なリサーチ

資料：「マッキンゼー ネクスト・ノーマル：アフターコロナの勝者の条件」（小松原正浩、住川武人、山科拓也 著）
出典：経済産業省　製造産業局生活製品課「新しい市場ニーズへの対応」（2022年1月）

図7　タテ型組織からリレーション型組織へ

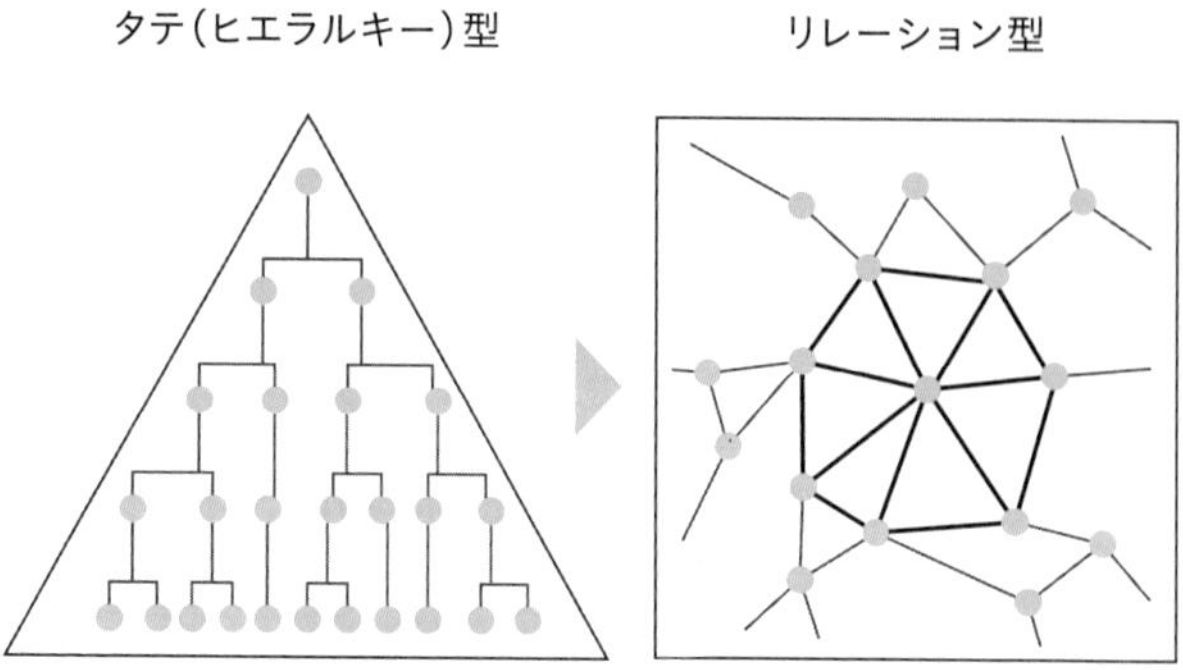

ではありません。ましてヒエラルキーの頂点にいる経営者に近づけば近づくほど、現場の動きやニーズの変化を素早くキャッチすることが難しくなっています。そのため、スターバックスのCEOは就任前に自ら現場でコーヒーをつくったり、ウーバーのCEOはドライバーをやるなど積極的に現場の業務を体験しているといいます。それだけ「現場」を知ることは難しいということなのでしょう。

そこで、こうした市場環境下で求められる組織形態が「リレーション型組織」です。

リレーション型組織も段階がいくつか

に分かれますが、共通しているのはトップの指示があって組織や現場が動くのではなく、仕事の大部分は一定の規範の中で、現場主導、現場判断で物事が推進される組織です（図7）。

代表的な組織にグーグルがありますが、グーグルは共有されたカルチャーや方針のもと、テーマごとに細分化されたチームやプロジェクトが主導となってビジネスを推進していきます。またそこに関わるのは社員だけではなく、外部の提携会社、ギグワーカーなど多数の関係者がいます。そうした人たちが目的に沿って、カルチャーを共有しながら主体的にビジネスを推進していきます。

もちろんすべての組織にとってこのリレーション型組織が効果的とは言えません。前述したように労働集約型のビジネスを展開する場合は、むしろタテ型組織のほうが効果的とも言えます。しかしながら、社員の確保が難しい中で、組織の生産性を向上していくことを大命題として捉えた時、少なくともリレーション型組織の要素を取り入れることを検討する必要があります。それは次のような4つの効果を生むためです。

■リレーション型組織がもたらす効果

①指示を待たずに現場主導で判断ができるようになる
②それによりスピーディにビジネスを推進できるようになる
③社員の状況観察力、判断力、意思決定力が向上し、育成につながる
④現場主導で判断できるため外部の人材との協業がしやすくなる

このようなリレーション型組織への変革、または一部導入においても、それをデザインする社員の育成が必要になります。具体的には、次のような3つの要素を兼ね備えている状態になっていることが望ましいと言えます。

■リレーション型組織への変革において社員に必要な要素

①会社や組織の向かうべき方向性を理解できている
②顧客起点で考え、何が必要か、一方で何が不足しているかを把握できている
③指示を待たずに具体的に立案、実行できる環境がある

そしてこうした人材を育成し、風土を形成するために効果的な手法が、本書で紹介しているワークアウトです。構造的にタテ型組織をリレーション型組織にいきなり変えていくことは多くの企業にとって難しいことです。そこで、段階的に要素を取り入れるためにワークアウトを導入していくことが効果的であり、実際にそうして少しずつ人材育成とセットで企業文化を変えている企業も存在します。

社内に〝砂場〟を用意する必要性──安全に経験させる

本書で語るまでもないことですが、人は失敗から学び、「成功の糸口」をつかみます。失敗を重ねることは挑戦をしていることを意味し、事業や会社の広がりにつながります。つまり、失敗を重ね、許容し、そこから次につなげる組織文化づくりは人と組織の成長に欠かせないと言えます。

しかしながら、クライアントと仕事をしていると、この失敗を重ねる文化の形成が難しい領域や企業もあります。その代表格の一つがインフラ産業です。例えば、交通機関や通信会社、電力供給会社などは、絶対に間違いを起こすことができない事業を運営してくださっています。そうした事業に携わっている人からすれば、失敗＝大事故を意味します。私たちもこうしたクライアントを前にすると軽々しく「失敗してもいいよ！」などとは言えません。

ではどうすればいいかというと、本番と練習の切り分けが必要です。電車の運転手も「いきなり本番」を迎えるわけではなく、練習を重ねて、その練習の過程で失敗を重ね、本番で確実に安全な運行ができるように育成しているのと同じで、その他の業種でもこうした練習ができる環境を用意することが人材育成において欠かせません。

その際、ポイントとなるのが、

・失敗できる機会があるか
・周囲が失敗を許容できるか
・本人が失敗から学びを得て次につなげられるか

といった点です。では、マネジメントに従事したり、経営を統括したり、マーケティングをしたり、新たなシステムを導入したりといった業務において、このように

「失敗できる環境」はどの程度、会社の中に存在しているでしょうか。意外と少ないのではないでしょうか。こうした事業を推進する人材を育成するために、会社は失敗できる環境を用意する必要があります。その環境という観点で思いつく仕組みをいくつか挙げてみます。

・テストマーケティング
・テスト環境
・テスト店舗
・小規模プロジェクト
・新規事業
・仮想プロジェクト
・実地研修

これらに共通しているのは「失敗してもリスクが大きすぎない。一方で、本人の経験を得るうえでは十分な環境である」という点です。

子どものころに砂場で遊んだ経験は誰しもあると思います。砂場で遊びながら友だちと一緒に何かをつくったり、時に軽いケンカをしたり、せっかくつくったものが途中で壊れたりと多くの経験を積んだことでしょう。ビジネスと砂場ではリスクが違いすぎるというご指摘もあるかもしれませんが、こうした環境を用意することが社員の育成においてはとても重要になります。

成長著しい企業の一つであるサイバーエージェントには、新入社員であっても、バリューを体現できる人物で、意欲と一定の能力があれば会社を設立して社長を任せる仕組みがあります。その新会社にはサイバーエージェント本体の取締役が加わり、代表である若手社員をサポートしながら事業を運営していきます。もちろん新規事業を成り立たせることが第一の目標となりますが、この取り組みは人材育成においてとても大きな効果を生んでいることは間違いないでしょう。会社の代表＝経験豊富な人材という枠組みに捉われず、早いうちから会社経営の1から10までを経験できるのは、対象となった社員においても、それをサポートする取締役においても貴重な経験となっているはずです。

大切なのは、こうした取り組みにおいて、明確なＥｘｉｔ基準が置かれていることです。「いついつまでに、〇〇にならなかったら撤退」というような明確な基準があることで、関わっている社員は思い切って取り組むことができます。さながらスポーツの試合のように、ルールがあって、時間が決まっていて、その中で最大限の成果を出す、という環境が用意されている――。そんな有限の範囲の中で様々な挑戦ができることは本人にとっても会社にとってもちょうどいいチャレンジと言うことができます。

誰に、どんな成長をしてほしいか

こうした事例にもあるように、人材育成は挑戦と失敗、そして振り返り、さらなる行動の機会の提供によって構成されます。そして、その枠組みを実現する手法の一つとしてワークアウトがあります。

では次に、誰に・どんな成長を望むのか、といった育成対象と取り組むべき課題について考えてみましょう。

実際にワークアウトが企業でどういったテーマで行われているかをご紹介します。
大きく分けると次のようになります。

対象者　：選抜された人材　or　特定部署の人材
テーマ　：未来に向けた新規テーマ　or　既存の問題

それらの組み合わせにより、次の4つのタイプに分けられます。

タイプA：選抜された人材が未来に向けた新規テーマを検討する

テーマ例：新規事業開発、ミッション・ビジョン構築
育成対象：次世代リーダー候補人材

タイプB：選抜された人材が既存の問題と向き合い解決を図る

テーマ例：業務改善、営業戦略立案、マーケティング戦略立案
育成対象：クロスファンクショナルに集められた現・管理職など

タイプC：特定部署の人材が未来に向けた新規テーマを検討する

テーマ例：新たな業務プロセス構築、新規顧客創造

育成対象：特定事業、部門の人材（選抜、全員対象いずれもあり）

タイプD：特定部署の人材が既存の問題と向き合い解決を図る

テーマ例：働きがいの向上、顧客満足度向上、業務改善

育成対象：特定事業、部門の人材（選抜、全員対象いずれもあり）

タイプ別に見ていきましょう。

まず、タイプAはまさに次世代の経営幹部候補を集めて行われる取り組みです。経営をより進化、発展させていくには、事業の成長、組織の成長、人材の成長の3つが重なる必要があります。その3つの成長を促し、実現に向かわせる機能、エンジンとしてワークアウトが実施されます。

次世代を担う候補人材が日常業務を離れ、社会、業界、会社の未来について真剣に

図8 ワークアウトの目的

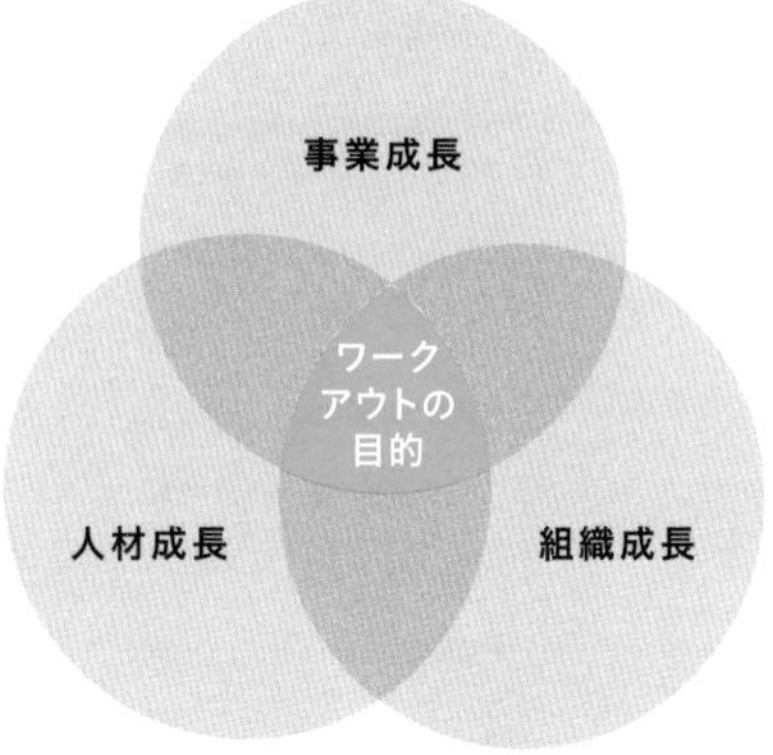

ワークアウトの目的は3つの重なりを実現すること

話し合う場が設置され、単なるその場限りの取り組みではなく、それぞれが事前に社会の変化や市場の変化について分析し、仮説を持ち寄ります。そして、コンサルタントの外部視点も入れながら、自社または事業のあるべき姿を具体化していきます。

次のタイプBも選抜人材で実施しますが、対象とするテーマは現在の問題や課題です。例えば、「中期経営計画などで掲げられている目標と照らして現状にギャップが生じている。このギャップをいかに解消するかを検討せよ」といったテーマが設定されます。これらは現在の

図9　ワークアウトのテーマ例

No.	テーマ例	内容
1	ミッション・ビジョン・戦略策定	ミッション・ビジョンといった本質に立ち返り戦略の再構築を行う
2	課題解決	理想と現状のギャップから課題を見出し、自ら解決策を描き実行する
3	実践型マーケティング戦略策定	既存顧客との関係性深化、新規顧客の効果的獲得のシナリオを描く
4	新・営業戦略策定	セールスオートメーション、DXを踏まえた新しい時代の営業戦略策定
5	イノベーション創造	既成概念に捉われない発想で新たな収益源となる事業を構想する
6	ビジネスモデル変革	これまでのビジネスモデルを検証し、これからの勝ち筋を描ききる
7	グローバル戦略再構築	グローバリゼーションの転換期において新たな戦略を構築しなおす
8	超実践型企業変革	戦略を具体化し、実行に落とし込むことで企業としての実践力を高める
9	業務プロセス改革	生産性向上を念頭に業務プロセスの大幅な改革プランを構築する
10	チームビルディング	チーム内でのエンゲージメントを高め一丸となって難局を乗り越える
11	働き方改革	リモート、テレワークを当たり前とする新たな働き方を構築する
12	人材マネジメント変革	自社のウェイを軸にしながら人材マネジメントの見直しを行う

経営陣、役職者のテーマそのものであり、経営者と同じ目線で考えることを求めるため、経営者との視座・視野・視界のギャップを認識するきっかけとなります。また、スポンサーである経営陣から見ると、異なる視点の獲得につながり、新たな戦略構築や事業推進の参考になることもあります。

　ここまでは選抜人材を対象にしたワークアウトですが、特定の部署に範囲を限って行われるワークアウトもあります。その場合、主催がその事業本部や部、時には課単位で行われます。具体的には、タイプCやD

にあるように、既存業務の新たなスキームの検討や、既存の問題点の解決がテーマとなります。ここで検討されたテーマはより現実に近いものになるので、導かれたアウトプットが実際の業務に取り入れられることもあります。

大きく分けるとこうした4つのタイプに分類されますが、実際によく実施をするテーマは図9のとおりです。これらのテーマを通じて人材育成、組織開発を図るのがワークアウトです。

スポンサーの役割

ワークアウトの概要について、ここまで述べてきましたが、人材育成に携わる経営者、上司、人事部、外部のコンサルタント、研修会社といった、ワークアウトにおけるスポンサーやその他の支援者の役割とは改めてどういうものかを考えてみましょう。

彼らに求めることは、ずばり参加メンバーにとっての「経験獲得のパートナー」になってもらうことです。

ただ知識を教えるだけのトレーニングは、ネットでの情報収集やＡＩなどの機械学習にとって代わられていきます。しかし、五感をフル活用して何かを経験する、当事者として考える、そして仮説を導く、さらにまた挑戦する……というサイクルは現時点では生身の人間の意欲と周囲の後押しがなければ実現できません。

「経験獲得のパートナー」は、具体的に何をもたらしてくれる存在でしょうか。

・新たな挑戦機会をもたらしてくれるスポンサー
・経験獲得に向けて後押ししてくれるコーチ
・経験からの学びを増幅させる触媒となる壁打ち相手

と様々です。このような機能を備えた人材が組織内にいて、場に機会をもたらしてくれる。そんな組織を創り出すことで人は自然と育っていきます。

そして私たちはこうした経験獲得、そこからの内省、さらなる行動を生み出す場としてワークアウトを実践しています。

ここまで、ワークアウトについての概要と、何のために実施するのかについて解説してきました。このような特徴を通じて、改めてワークアウトが社内に残すベネフィットは、どのようなものがあるかを見ていきましょう。具体的には次のようなものが挙げられます。

①事業成長に結びつく成果創出
②ミドルアップダウンの組織文化形成
③関わるメンバーのリーダーシップ、スキル育成

ワークアウトを継続することで指示待ちの現場に変革がもたらされ、現場が主体的に考え、行動するカルチャーが形成されるという大きな効果が生み出されます。社員の主体性が会社の未来を左右するこれからの時代、このワークアウトの手法がより広まることが組織・人材の育成と強化につながると考えています。

ここまでお伝えしてきたワークアウトを実践する上で重要なこと。それは「はじめに」でも触れましたが

図10　ワークアウトの実践イメージ

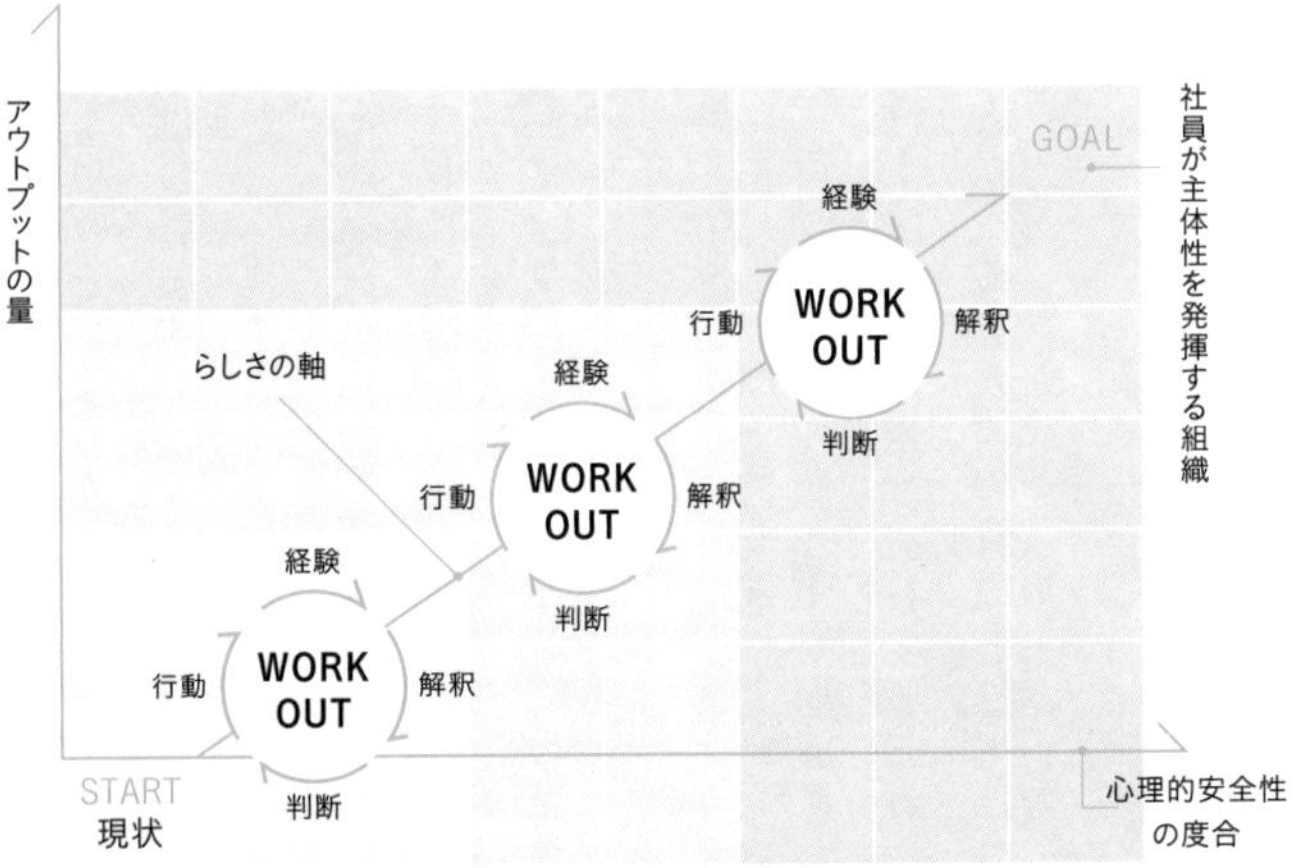

マスの面積：社員の主体性発揮度合

・「らしさ」を重視すること
・「質のよい経験学習サイクル」をまわすこと

です。図10で表すように、「らしさ」を軸にしながら「質のよい経験学習サイクル」をまわしていくことで、次第に組織としての「アウトプットの量」と「心理的安全性の度合」を高めていきます。それにより「社員が主体性を発揮する組織」を実現します。本書では、そのための道のりを解説していきます。

では、本章の最後にワークアウトの

実際のケースをお伝えします。ゴール設定からプログラムの設計、実施までの大まかな流れをつかみ、ワークアウトのイメージを膨らませていただければと思います。

ある日のワークアウト

2022×年×月、とある食品メーカー人事部の担当リーダーであるあなたは、ある悩みに直面していました。あなたが所属する会社は、食品メーカーとして一定の地位を確立し、誰もが知る商品を世に提供し、これまで安定的な成長を遂げてきました。しかしながら、主要マーケットである国内の人口が減少する中で、このまま同じ事業を継続していても成長が見込めないことは明らかであり、経営トップは10年スパンで会社の事業拡大を検討し、即座に実行することを宣言しています。そして、次期の中期経営計画の策定においては10年、20年の長期スパンを前提に、3か年の計画を立てることを目標としています。

そこで問題となっているのは、そうした事業拡大に応じて組織や事業そのものを統括する社員のマインドやスキルが醸成されていないことです。危機意識を持った経営トップから人事部に、「主体的に自社の将来を考え、シナリオを策定し、周囲を巻き込める人材の育成」を依頼されました。

人事部の担当リーダーであるあなたは、課長とともにこの難題に取り組む必要がありました。

■企画者
某食品メーカー人事部課長、担当リーダー

■課題
事業拡大に伴い次世代の様々な部門や拠点を統括できるリーダー人材を育てたい

課題解決の方法はいくつかあります。例えばMBAに社員を派遣し、ビジネススキルやネットワークを強化すること。しかし、これでは予算的に対象人数を増やすことが難しく、一握りの社員を対象にするのであれば検討可能ですが、次世代リーダーの層を厚くすることにつながりません。一方で、これまで実施している階層別教育は従来の事業と組織を前提に、いかに部下やチームを既存の枠組みの中で効果的にマネジメントするかに焦点が当てられているため、経営トップのオーダーに沿うものではありません。

そこで導入を決定したのが「ワークアウト」です。ワークアウトでは選抜された10名程度の人材を対象に、自社の将来をテーマに外部のコンサルタントの視点も入れながら実際のアウトプットを創出していきます。その過程を通じて、次世代リーダーに必要なスキルとマインドを鍛えていくプロセスコンサルティング型のプログラムです。さらに、社内にクロスファンクショナルなチームを形成することで、外部派遣では得られにくいこれからの人材同士の結束力の強化にもつながります。

アウトプットとゴールの設定

HRインスティテュートのコンサルタント2名が企画者に加わり、一緒にワークアウトの設計に取りかかりました。まず問われたのが次の2つです。

1つはワークアウト実施後、人選した受講者にどのような状態になってもらいたいか。スキル面、マインド面の双方でどのような変化、気づきをもたらしたいか。

もう1つは、その育成過程において何を議論するか。何をアウトプットしてもらうかです。

実際の経営においてはアウトプットがすべて、となります。どれだけ労力を費やそうとアウトプットの価値で判断されるのが経営です。リーダーを育成する、というのはこうした機会を幾度も経験してもらうことと言えます。したがって、ワークアウトにおいてアウトプットはお飾りではなく、スポンサーである経営トップも本気で向き合うもの、という条件があります。

企画者メンバーで話し合い検討を重ね、次のようなアウトプットと最終ゴールの設定を行いました。

■企画者

某食品メーカー人事部課長、担当リーダー、

HRインスティテュート　コンサルタント2名

■ねらい

事業拡大に伴い次世代の様々な部門や拠点を統括できるリーダー人材を育てたい

■**対象者**

各部門から選抜された次世代リーダー候補人材　10名

■**アウトプット**

自社の次期中期経営計画の素案づくり

■**最終ゴール**

経営層へのプレゼンテーションを経て、検討したことが中期経営計画に反映されること

ワークアウトのプログラム設計

このゴール設定をしたうえで、次にプログラムの設計です。まず今回到達するアウトプットが中期経営計画の素案であることから、必要な知識として「マクロ環境」「経営戦略」「組織デザイン」は必須となりました。したがって、ワークアウトがスタートする前に事前課題としてこれらに関する書籍や動画を用意し、インプットを行います。

次にスケジュールを設計します。ワークアウトは業務時間内で行うこととし、実施

日を1か月に1~2回のペースで設定します。加えて、所定の労働時間の範囲内で収まるように、グループミーティングの予定を時間外で設定します。最終的に到達するアウトプットから逆算して必要な時間を割り出し、その時間を確保するスケジュールを設定します。今回は中期経営計画の素案に必要な時間を100時間と設定し、それを分解してスケジュール設計を行いました。

さらに、ワークアウトでは必要な講義（他社事例、実践ケース、ヒントとなる理論など）を合間に入れたり、時に有識者を招いて講演を行ったりします。それによって知識の幅を広げます。今回は中期経営計画の素案をつくるために事前に心がけてほしいことや、大きなビジョンを社長と役員から冒頭でお話しいただくことにしました。加えて、経営戦略のイメージを持つために、他社のベストプラクティスをケースとして紹介することにしました。

アウトプットイメージ

ワークアウトにおいて重要な意味をもつのがアウトプットイメージです。これは限られた時間内で、参加者がより効果的にディスカッションをするために必要な雛形を意味します。

いざ中期経営戦略を策定せよ、と言われても経験のない人にとってはハードルが高すぎて何から手をつければいいかがわかりません。そこでシナリオの雛形を用意することで、参加者がまず何を調べればいいのか、何から手をつければいいのかを考えやすくします。このアウトプットイメージはもちろんテーマによって異なります。当然、議論を重ねるうちにアウトプットイメージの原型が変わっていくことが大半ですが、初動を早めるうえでとても効果的です。コンサルタントが入念にねらいと参加者のレベルを踏まえて作成するものがアウトプットイメージです。

コンサルタントの関わり

外部目線で関わるコンサルタントには、主に3つの役割があります。

1つ目は、全体を設計するコーディネーターとしての役割。

2つ目は、効果的な「問い」を立て、議論や考えを活性化するファシリテーターとしての役割。

そして3つ目が、講義や助言でインプットをし、アウトプットに対してフィードバックするという、まさしくコンサルタントとしての役割です。

これらの役割を使い分けながら参加者のスキルとマインドを醸成しつつ、アウトプットの達成を支援します。

スポンサーとの関わり

詳しくは後述しますが、ワークアウトにおけるスポンサーとは、必要な「問い」と「経験」と「フィードバック」を提供する役割を担う人です。経営者や事業部長クラスの人を想定しています。最終的にスポンサーが納得するアウトプットを提供することがワークアウトの目的でもあるので、スポンサーとの関わりはとても重要です。そしてスポンサーは、そのアウトプットに対してフィードバックを行うだけでなく、意思決定を行うことで参加者がかけた時間と想いに報います。そのために中間報告と最終報告の場を用意し、そこに参加をしていただきます。この食品メーカーのように、最初にキーノートスピーチを実施してもらうケースもよくあります。

こうして設計されたプログラムに沿って、中期経営計画の素案をつくるプロセスを経て人材を育成するワークアウトが実施されました。

通常、ワークアウトは1回で終わりません。何度も回数を重ねることで参加者の幅が広がり、そしてワークアウトを通じて得られた経験が社内に流通することで、やがて主体的に考え、行動し、それを受け入れ、フィードバックしあい、即座に意思決定をすることがその会社の文化となります。その文化ができあがれば会社は成長軌道に乗ることができ、目指すビジョンの達成につながっていくでしょう。これこそが、ワークアウトが目指す姿です。

第2章

「らしさ」と「質のよい経験学習」の追求

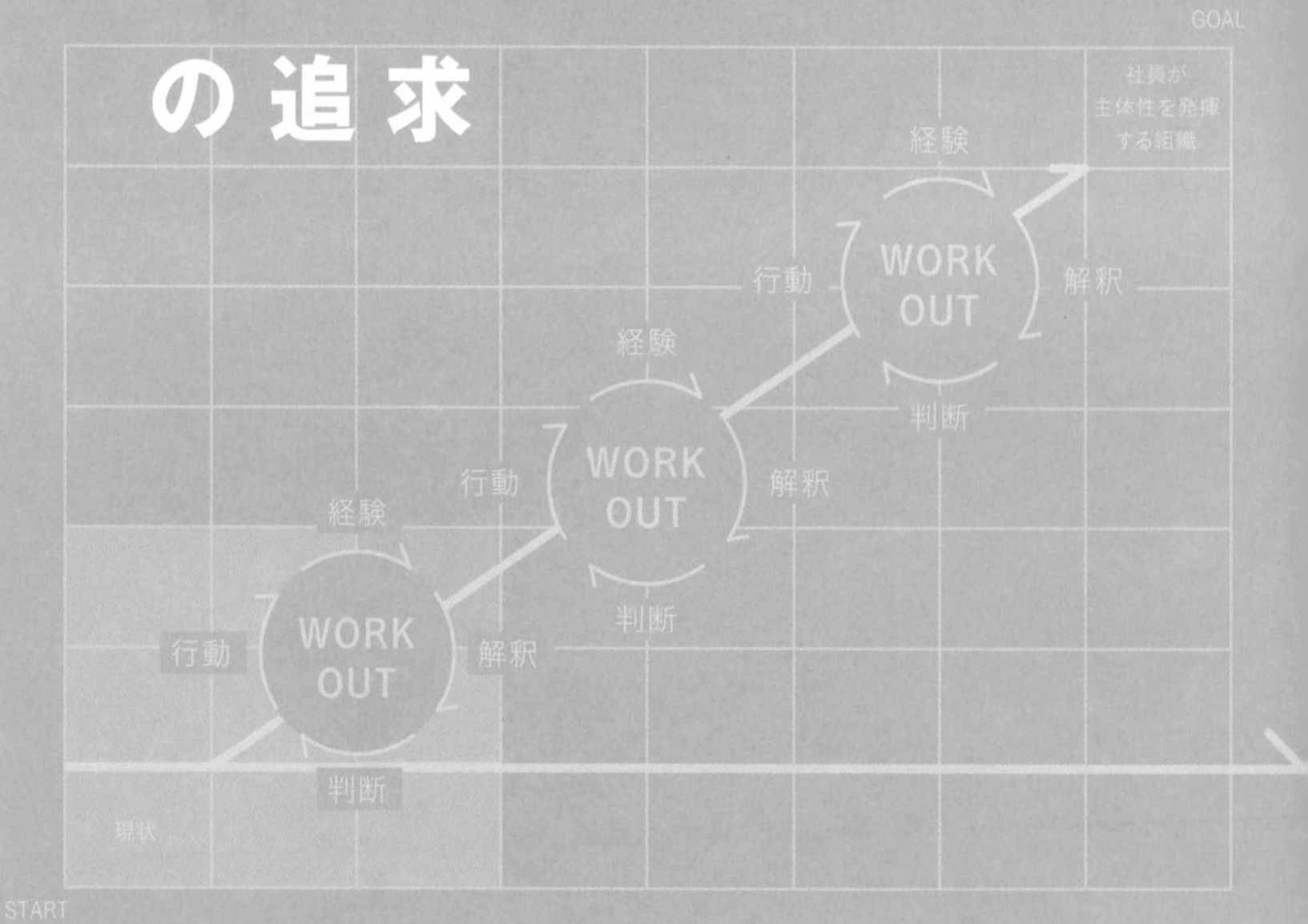

会社の「らしさ」を社員が語れるか

この章では、ワークアウトに取り組むうえで重要な「らしさ」と「質のよい経験学習サイクル」という2つの大きなコンセプトについて取り上げていきます。

組織に身を置いて仕事をしている人なら誰しも自社の「らしさ」について口にしたことがあるのではないでしょうか。それは「うちらしい」や、「うちらしくない」といったものです。

例えば、新商品や新サービスを立ち上げる時、プレゼンテーションの後に役員から「うちらしい提案をしてくれてありがとう！」と承認をもらったり、一方で「ちょっとうちのらしさとはかけ離れている印象を持ったなぁ」などと再考を促されたりするシーンに遭遇することがあるはずです。

では、この「らしさ」とは一体何でしょうか。

例えば、次の一文はある企業が現在掲げているミッションやパーパス、バリューにあたるものですが、それぞれどこの企業か想像してみてください。

「世界中のすべてのアスリートにインスピレーションとイノベーションをもたらすこと」

「クリエイティビティとテクノロジーの力で、世界を感動で満たす」

「私たちは、自然の恵みを大切に活かし、おいしさと楽しさを創造して、人々の健やかなくらしに貢献します」

どこの企業が掲げているものか想像はついたでしょうか。先の答えですが、1つ目はナイキ、2つ目はソニー、そして3つ目はカルビーです。おそらくこれらの言葉にはそれぞれの企業「らしさ」を感じる人が多いのではないかと思います。

そして、こうした「らしさ」は成長の原動力となります。それは企業としてのこだわりや意義、そして競争優位性を生み出すからです。企業が大切にすべき「らしさの源」は次のとおり2つあります。

・会社が目指す姿を表す「ミッション」や「ビジョン」、「パーパス」など
・会社がもたらす価値を表す「バリュー」、「ウェイ」、「イズム」など

前述のミッションやビジョン、パーパスといったものは主に社会全体、お客様、社員を含むステークホルダーに向けて発信され、自社や自事業の存在意義を示すうえで重要です。

そしてこうしたミッション、ビジョン、パーパスと関連付けて主に社内に向けて定着が図られるものがバリューやウェイ、イズムです。

大切なのは、社員が自社のミッション、ビジョン、パーパスや自社がもたらすバリュー、ウェイ、イズムをしっかりと語れるかどうか、です。

自分が所属する会社が目指す方向や大切にしているバリューをしっかりと理解、共感し、自分の言葉で説明することができる社員の割合が高ければ高いほど、その会社の一体感は高まり、同じ方向を向いて切磋琢磨を繰り返す集団となります。反対に、社員がこうしたバリューに関心を向けず、また経営側もそのことを問題視しないようであれば、それは単なる寄せ集めの集団となり、相乗効果が生まれにくくなります。

社員を育成し、組織を強くするためにもまずは企業として大切にする考えや価値を言語化し、社内外に発信し、定着する活動が欠かせません。

「らしさ」を感じる組織は個のリーダーシップを育む

「らしさ」を英語で表現すると「Ｗａｙ」という言葉があてはまり、米国企業もこのＷａｙという言葉を多用します。その中でも有名なのがヒューレット・パッカードのＨＰ Ｗａｙです。

ヒューレット・パッカードではＨＰ Ｗａｙを次のように説明しています。

「経営トップから全ての従業員まで組織を構成する一人ひとりが、共通の目標達成に向けて行動するための指針」

「これは、ＨＰの組織に深く根差した信条であり、五つの基本的な価値観と七つの会社の目的、そして目標達成する戦略と戦術の計画、実践する上での行動指針が三位一体となるものであり、ＨＰ Ｗａｙが世界中のＨＰの組織全てに共通する企業行動の底流となっている」（月刊 Keidanren 記事より引用　keidanren.or.jp）

また、日本を代表する企業であるトヨタも「トヨタウェイ」にこだわり続ける会社です。
トヨタのホームページから引用すると次のようにあります。

トヨタが「どのような会社でありたいか」という企業理念を表したものが「トヨタ基本理念」である。これを実践するうえで、全世界のトヨタで働く人々が共有すべき価値観や手法を示したものが「トヨタウェイ2001」である。（トヨタ自動車75年史より）

このように、「らしさ＝ウェイ」とはその組織が掲げる理念や目標を達成するために関わる人すべてに共有された一連の価値観であり、行動様式、手法を表すもの、と言えます。したがって「うちらしい」という表現の奥には「うちの理念や大切にする価値観に沿っている」という意味が含められている、ということになります。
そして、この「らしさ」を意識し、強めることはその会社や個人の集団におけるリーダーシップの発揮を促すことにつながる、ということがリーダーシップの研究によって説明されています。

「らしさ」=ミッションやビジョン、ウェイが共有されている組織では、大切な価値観や考え方、行動様式に基づき現場が自律的に判断し行動できるようになります。それによって現場主体の動きが増え、経営のスピードアップ、現場の判断力・行動力の強化につなげることができます。

「らしさ」のある組織では、社員が自然と質のよい「壁打ち」を行う

「らしさ」のある組織では、社員が自律的に行動しやすくなることに加え、自然と上司と部下、同僚間の壁打ちが行われやすくなります。

「らしさ」の中にはその組織が大切にしている価値観が含まれています。それ自体が他社と差別化する競争優位性として位置付けられることから、「らしさ」を意識した壁打ちは、新たな商品やサービスを生み出す際にも自然と競合と異なる特徴を考えたり、実装したりすることに寄与する効果があります。

例えば「らしさ」を感じる企業やそのサービスを思い出してみてください。どんな

企業やサービスが思い浮かぶでしょうか？

ソニー、アップル、グーグルなどの特徴あるグローバルカンパニーや、無印良品、ドン・キホーテ、ニトリなどの身近な企業が思い浮かぶかもしれません。無印良品やドン・キホーテは同じ日用品などを取り扱うストアですが、まったく「らしさ」の異なる店舗だということは多くの人が同意できるのではないでしょうか。こうした「らしさ」にこだわることは、自然と競争優位性を生み出すことにつながりますし、そうした壁打ちは社員の戦略的思考やマーケティング力を高めることにつながると言えます。

一方で、「らしさ」が共有されていない組織の壁打ちは数字ありきのものになる傾向があります。売上、利益、シェア、顧客数、訪問数……などの数字です。もちろんこれらも大切な指標ではあるのですが、こうした数字のみに焦点を当てた壁打ちは競争優位性を生み出すどころか、数字的に魅力がある市場であればなおさら競合も数字を意識して論理的にアプローチしてくることを踏まえると、競争を回避するどころかむしろ競争に巻き込まれていくリスクを生じさせます。

「らしさ」のある組織では、主体的な意思決定のハードルが下がり挑戦できる

リクルート社は新規事業を生み出すための仕組みを持っています。某クライアントで人材育成の支援をしている際に、リクルートで数々の新規事業を生み出してきた方をお招きして講演をしていただいたことがあります。その際、クライアントの社員が次のような質問をしました。

「うちの会社は新たなサービスや新規事業を生み出すと言っているがなかなか実現できない。一方、リクルートでは新たなサービスを生み出す風土がある。違いは何だと思うか?」

この質問に対しての講演者の回答が印象的で、今でも覚えています。

「新規サービスや事業を思いついた時、みなさんは誰に相談しますか? 多くの方は職場の上司に相談するのではないでしょうか? リクルートはそういうカルチャーの

会社ではなく、面白いアイデアを思いついた社員は職場の上司に相談する前に、そのサービスや事業のお客様になりそうな方に相談をします」

上司に相談する前に顧客に相談する。この考え方と行動様式がリクルートらしさであり、その「らしさ」が根幹に横たわっているがゆえに、新たなサービスや事業が生み出されているのだと感じました。

これはいわゆる「フィジビリ（フィージビリティスタディの略）」を重視する、ということなのですが、リクルートの徹底したフィジビリ文化を表していると思います。

この「らしさ」は紛れもなくリクルートが大切にしている「自ら機会を創り出し、機会によって自らを変えよ」という言葉から生み出されているものと言えます。そしてこうした「らしさ」が今もなお受け継がれていることで、現場は安心して挑戦ができるのです。

「心理的安全性」は本人の主体性を挽き出すためにある

繰り返しになりますが、「らしさ」の存在は現場での判断基準となり、社員が自律的に動くことを後押しする役割を担っています。加えて、「らしさ」を軸とした壁打ちは競争優位性を生むものになることから、社員の成長に役立っていると言えます。

さらに追加するならば、「らしさ」の存在は社員や関わる人の心理的安全性を高めることにもつながります。

この「心理的安全性」という言葉は今ではすっかりお馴染みになりましたが、元は2012年からグーグルが社内の生産性向上プロジェクトとして進めた「プロジェクトアリストテレス」の調査によって明らかにされたものです。組織の生産性を左右する重要なファクターは、社員に対して「これを言ったら怒られるかも」であるとか、「馬鹿にされないように発言を控えよう」といったような心理にさせないような「心理的安全性」にある、というものです。

心理的安全性の高い職場は、社員が思ったことを気軽に発言したり、上司や同僚に相談できるばかりか、考えていることを少しだけトライしてみて、その結果をもとに周囲にプレゼンテーションできたりすることから、結果的に生産性が向上するだけでなく、イノベーションを生み出しやすくなります。

この心理的安全性を高めるうえでも「らしさ」の存在は重要な要素となります。組

図11　サービスマネジメントの考え方（対比）

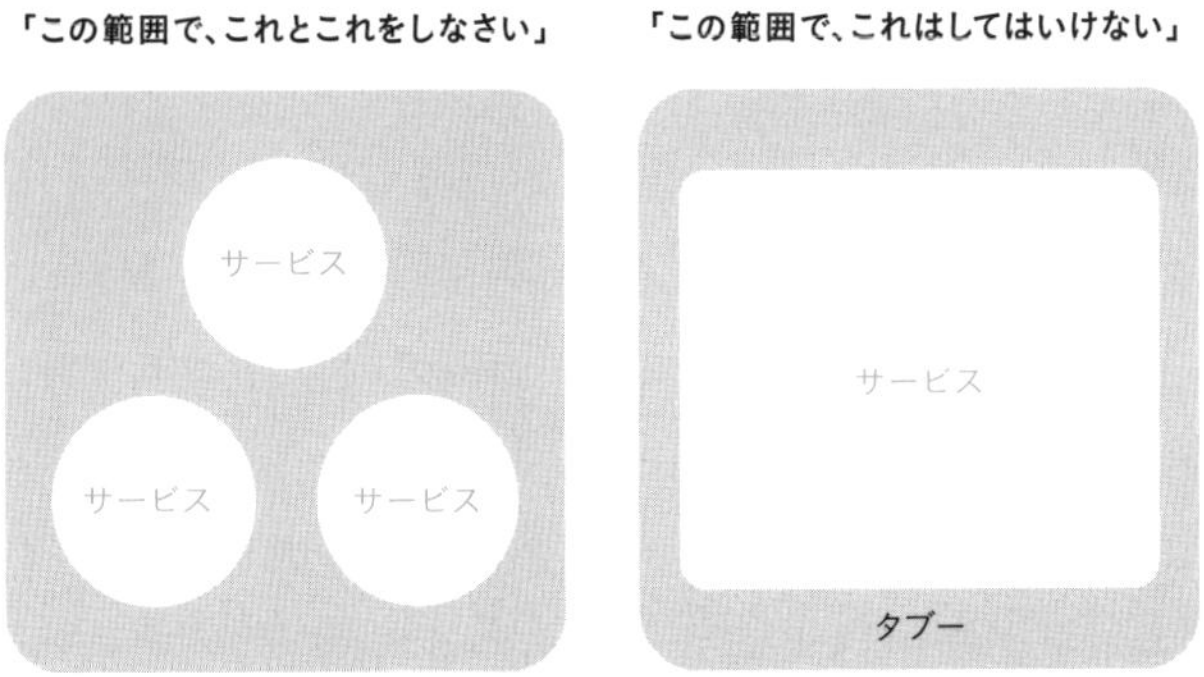

織が何を大切にしているのか、ということを明確に示すことは、社員にとってむしろ自由度が高まることになります。ルールは最小限にし、「らしさ」を共有するスタイルのマネジメントこそ、社員が思い切り仕事をできる環境をつくり出すのです。

以前、米国のマリオット等で長くホスピタリティ教育に従事された方のお話を聞く機会がありました。

その際に「最高のサービスはどのように生まれるか」という話題になったのですが、「『こうしなさい』『ああしなさい』という教育では一定のサービス品質には届くけれど、最高のサービスには至らない。最高のサービスはむしろ逆で、大きな価値観としてのそのホテルらしさをしっかりと伝えたうえで、これだけはやってはいけない、というタブーを明確にし、残りを余白として残しておくことで生まれる」とのことでした。

前者のアプローチよりも、後者のアプローチのほうがホテルスタッフの裁量や判断の自由度が高まります。「らしさ」を明確にすることで組織の心理的安全性を高め、余白の中で社員に思い切り仕事をしてもらう。こうすることで組織の生産性だけでなく、働く人の意欲の向上にもつなげることができるようになるのです。

「らしさ」を言語化する

多くの企業が「ミッション・ビジョン・バリュー」を表明しています。改めて意味を確認すると、ミッションとは「何のための会社なのか」「社会にどのような価値を提供するのか」といった企業の存在意義を表す言葉です。ビジョンは、ミッションを達成するための数値目標などを指します。そして、ビジョンを実現するための具体的なアクションや手段を掘り下げたものがバリューとなります。

一般に、企業が掲げるこうしたバリューはその組織やそこに所属し、関係しているチームや人材が大切にし、共通してこだわる価値観を意味します。

例えば、メルカリ社には次のようなバリューが存在します。

ミッション：あらゆる価値を循環させ、あらゆる人の可能性を広げる

バリュー：Go Bold（大胆にやろう）
ALL for One（全ては成功のために）
Be a Pro（プロフェッショナルであれ）

このミッションとバリューはメルカリのこれまでと今、これからを語るうえで外せないものとなっています。実際に人事を担当する方にお話を伺ったことがありますが、ミッションに加えてバリューにこだわる理由の一つが「目線合わせ」であるとのことでした。一人ひとりがプロフェッショナルとしてオーナーシップを持って活動す

るために、目線を合わせておくことで現場での思い切った判断や行動につながる、とのこと。メルカリではこのバリューに基づき、行動や評価が実施されています。

そしてミッション、ビジョン、バリューをお飾りにしないために重要なのが「言語化」するプロセスに社員を巻き込むことです。ただ結果としてこうなったよ、うちが大切にするのはこれだよ、と示すだけでなく、

・それってどういうこと？
・自分の言葉で説明すると？

といった問いを立て、メンバー一人ひとりがミッション・ビジョン・バリューを「言語化」するアプローチです。言語化することで自社の「らしさ」がより明確になり、自分たちの行動指針として自分事化することができます。また組織としても一体感を持って行動することができるようになります。

この「言語化」のプロセスはとても重要で、私たちが実施しているワークアウトの

中でも特に参加者の方から大きな反響をいただいています。つまり、それだけミッション・ビジョン・バリューの言語化とそれらをアウトプット（結果）に結び付けることに課題を持っている企業や組織が多いということだと思います。

「らしさ」についての説明のまとめとして、「らしさ」が具体的にどのようにあなたの組織の成長に役立つかについて、図12で整理しています。もちろん、これ以外にも「らしさ」を発揮するシーンは数多くあるので、まずはぜひ、言語化することにチャレンジしてみてください。

図12「らしさ」は成長の原動力となる

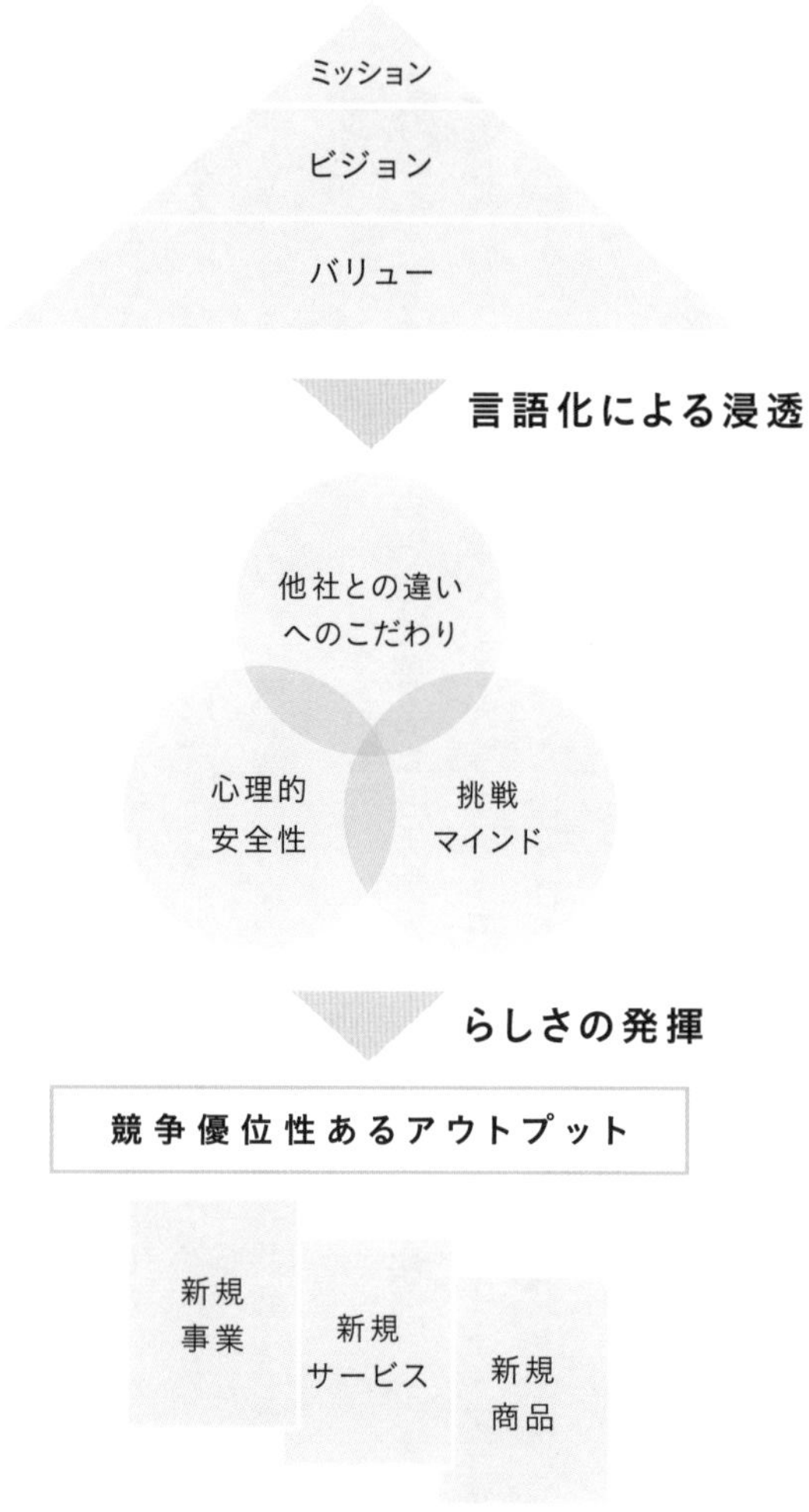

人が育つチームに共通する成長実感を生み出す「質のよい〇〇」

ここまで「らしさ」にこだわることの必要性について解説してきました。

それに加え、人が育つ組織やチームは実際にどんなことにこだわり、実践をしているでしょうか。ここからは実際のケースも確認しながら、その特徴や共通項を探っていきたいと思います。

人が育つ条件を表したものとして著名な考え方が「70・20・10の法則」です（図13）。これは経営コンサルタントであるマイケル・ロンバルド氏とロバート・アイチンガー氏の研究によるもので、米国の様々な経営者を対象に「何がリーダーとしての成長に役立ったか」を調査したものです。それによると、人は7割を仕事上の経験から学び、2割を先輩や上司からの助言やフィードバックから学び、残りの1割を研修などのトレーニングから学ぶというものです。

図13　70:20:10の法則

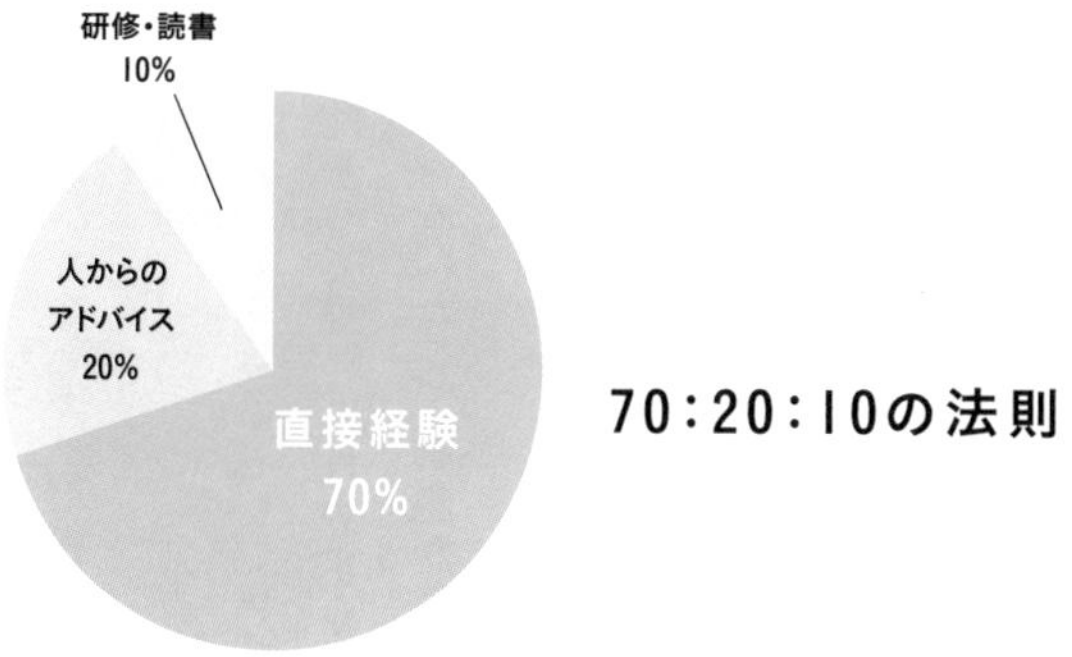

この考え方に基づくと、リーダーシップ育成の要素として最も重要なものは「経験を得ること」となります。そしてその経験をもとに先輩や上司と対話をすることで、自らの解釈と他者の解釈を照らし合わせ、新たな気づきを得て成長します。

自らの経験や同じ仕事に従事している先輩や上司の視点に加え、時にトレーニングや研修などで外部の新たな情報や異なる知識、見解に触れることで、さらに新たな「経験」の獲得につながっていきます。このサイクルをまわすことで人は次第に育っていきます。

では、この「70・20・10の法則」をさらに深掘って、人が育つチームに共通することは何かを見ていくと、それは「質のよい経験」が存在し、「質のよい対話」がなされている、ということになります。この「質のよい」という言葉は定義が曖昧ではありますが、それは、

・その人にとってちょうどいいタイミングで、
・その人にとって受け入れやすく、
・一方でその人にとって刺激がある。

というニュアンスを束ねた状態を意味しています。

みなさんにとって「質のよい経験」、すなわち自らの成長につながった経験とはどういうものだったでしょう？　例えば同じ本を読んだり、同じ経験を得たりしても、タイミングによってとても刺激となる時とそうでない時があると思います。このように「質のよさ」とはその個人が置かれている状況によって異なります。

当然のことながら同じ会社や組織に勤める社員であっても、一人ひとり成長の度合

いが異なります。上司がそのことを踏まえず、当たり前のようにすべての社員に向かって同じような経験を提供し、同じようにフィードバックをしていては意味がありません。できるだけ個別の経験と対話を、一人ひとりの状態に合わせて行っていく、こうした「質のよさ」が人を育てるうえで欠かせないのです。

質のよい経験の提供方法や、対話の仕方については後ほど詳しく解説をしていきますが、組織開発や人材育成に関わる人は、このことをまず理解しておかなければなりません。

人事部は時に人事（ひとごと）部と言われるように、組織を面や何か物質的なものとして捉えてしまい、個性が異なる一人ひとりの集合体であることを忘れてしまいがちです。結果として、現場に育成を押し付け、マネジャーが頭を悩ますという状態を招いています。そうならないためにもこうした「質のよい」育成や関わり、ということを共通概念として持ち、それらをベースに働きかけるという組織風土や考え方を形成することがとても大切なこととなります。

社員から「おやっさん」と慕われた、本田技研工業の創業者である本田宗一郎氏も同社の社報において次のような言葉を残しています。

「一人ひとりが、自分の得手不得手を包み隠さず、ハッキリ表明する。石は石でいいんですよ、ダイヤはダイヤでいいんです。そして、監督者は部下の得意なものを早くつかんで、伸ばしてやる、適材適所へ配慮してやる。そうなりゃ、石もダイヤもほんとうの宝になるよ」

大切なのは一人ひとりの個性に着目し、できるだけその人にとって「質のよい」経験や対話、フィードバック、そしてトレーニングの機会を提供することです。「当たり前のことではないか」と思われるかもしれませんが、まずはこの単純で明白なことにどこまでこだわれるかが、人が育つ会社になるか、そうでないかの分かれ目と言えます。企業が持つ「らしさ」に個人が持つ「らしさ」を掛け合わせることで、組織も個人も成長していきます。

経験学習モデルの4ステップ

こうした共通認識のもと質のよい経験を生み出していく。そして、社員が自然と育っていく会社へと進化を遂げていく。では、その取り組みは具体的にどのように行われていくのでしょうか。

それをわかりやすく表してくれているのが、米国の教育学者であるデイビット・コルブ氏が提唱している「経験学習モデル」です。コルブ氏は、経験に基づく学習プロセスが次の4つのステップから成り立つと定義しました。

〈経験学習モデルの4つのステップ〉

Step1：具体的な経験
Step2：内省的な観察
Step3：抽象的な概念化
Step4：積極的な実験

図14　コルブの経験学習モデル

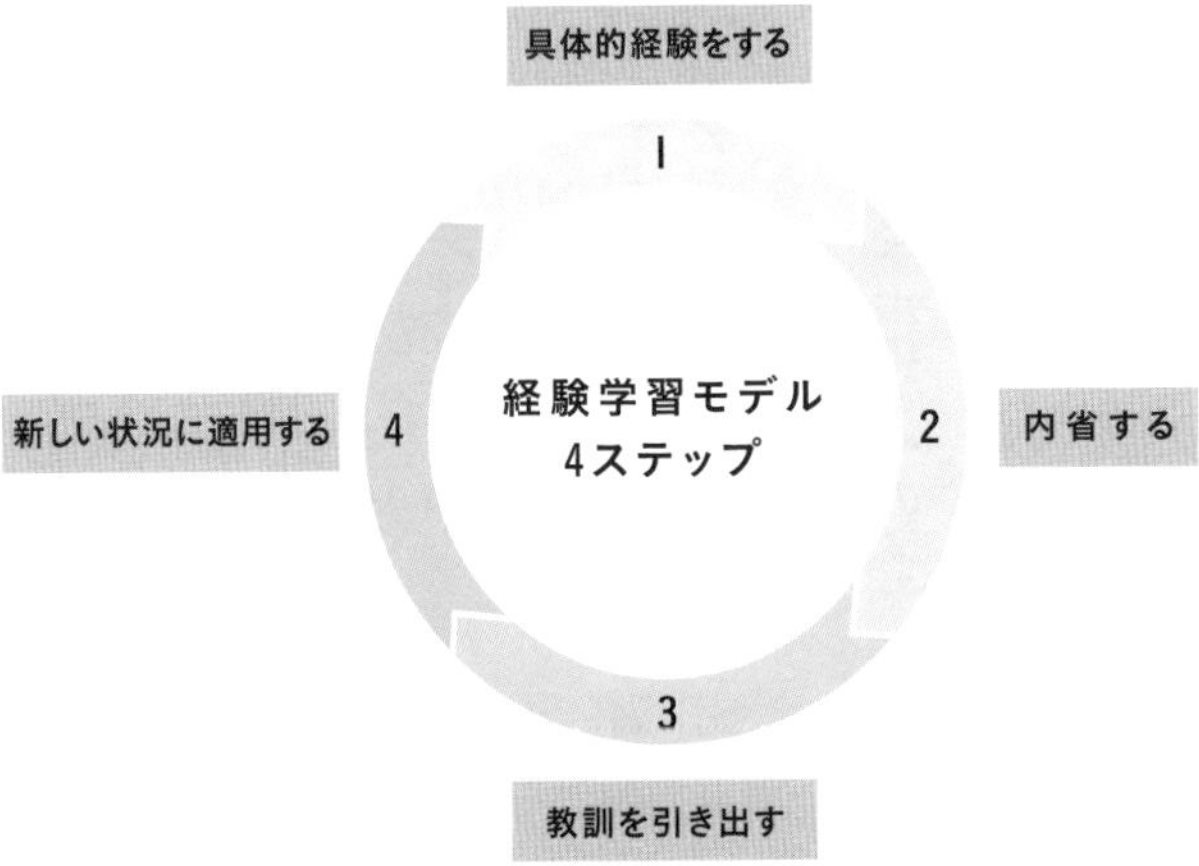

　これをさらに身近な表現に置き換えると、ステップ1で経験を積み、ステップ2で上司をはじめとする周囲の人との対話を通じて振り返り、ステップ3でそこから次につながる学びを認識し、ステップ4でまたさらなる実践へとつないでいくことで人は成長を遂げていく、という考え方です。

　人が育つ組織やチームの特徴を端的に表すと、こうした経験学習のサイクルが現場を起点にいたるところでまわっている、ということになります。

　この経験学習モデルをベースにしたうえで、どのように実践機会を創り出していくか、ということについて、より現場での実践にあてはめられるように、本書では次の4つのステップに置き換えて人材育成や組織開発について解説をしていきます。

〈質のよい経験学習サイクル〉

Step1：質のよい経験を得る
Step2：質のよい解釈を生み出す
Step3：質のよい判断を促す
Step4：質のよい行動で結果を生み出す

それぞれのステップにおける「質のよい」とはどういう状態を示すのか、という点は後ほど解説をしていきます。このフレームワークは、コルブの経験学習モデルをベースにしつつ、人の思考・判断プロセスである次の「空」↓「雨」↓「傘」のフレームワークを掛け合わせています。

「空」を見たら曇っていた（事実認識）
↓
「雨」が降りそうなので（解釈）
↓
「傘」を持っていくことにした（判断）

右記の文章のように、「空」とは事実認識を意味します。まず事実を得ることで人の思考は始まります。経験を得る、ということはまさにこの事実と直面することを意味します。

次に「雨」とは解釈を意味します。「得られた事実からどのように解釈するか」がその次の判断や行動に大きな影響を及ぼします。またこの解釈には人それぞれ、それまでに培ったフィルターが影響します。経験がフィルターとなり、解釈に影響を及ぼすことから、人によって解釈の仕方は異なります。事実を見てポジティブに解釈する人もいれば、ネガティブに解釈する人もいます。この解釈の矛先を成長につながる向きに変えていくことが大切になります。

そして「傘」です。この傘とは判断を意味します。この判断はその手前の解釈の影響を受けます。傘が結論で、雨が根拠、という位置付けになります。

解釈をすることはできても判断をすることが苦手、できないという人が多くいます。これは自分が描いたロジックに自信を持てない、判断をすることにより生じる影響に対して責任が持てない、どこかで他人に任せてしまっている、という心理からくるもののようです。こうした判断する力、そしてその先にある行動する力を鍛えることはリーダーシップを発揮することに直結します。

本書のテーマであるワークアウトは、次の図15で示すステップを動かしていくことで組織と個人の成長を促します。ここからは、このモデルをベースに解説していきます。

図 15　質のよい経験学習サイクル

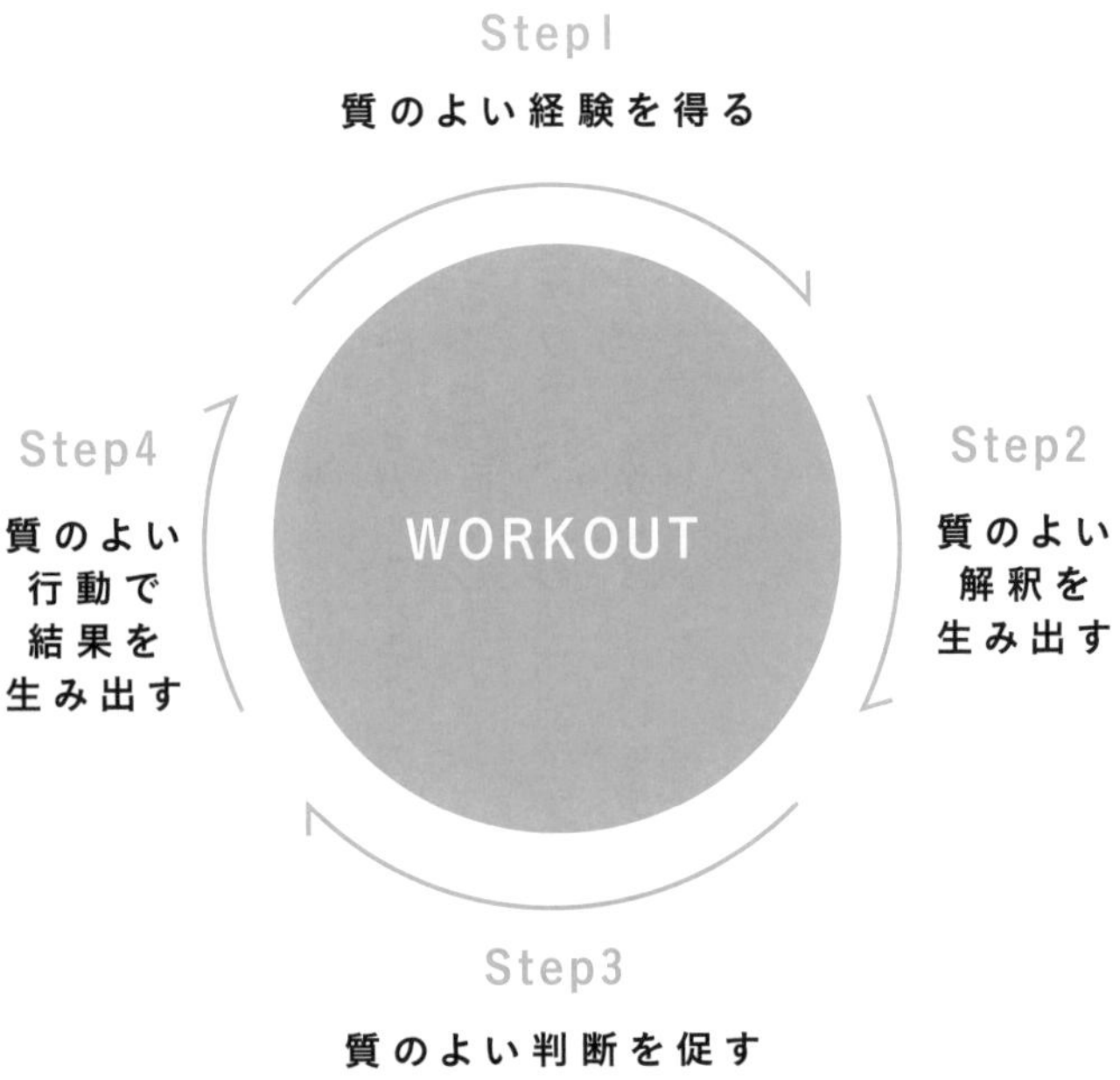

STEP 1

「質のよい経験を」得る

人材育成はどの局面でも「経験」が入口

近年「体験格差」という言葉が生まれています。これは、経済的な格差や家庭の環境が引き起こす、主に子どもたちが幼少期から人格形成期に得られる体験の格差を意味します。例えば、子どもの中には毎年国内や海外旅行に行く機会を得ている子どももいれば、あまりそうした機会が持てない子どももいます。それだけならまだしも、例えば誕生日を祝ってもらったことがない子、という割合も

図16 体験格差を表すデータ

子どもの「体験格差」 チャンス・フォー・チルドレン調査から	世帯年収 300万円未満	世帯年収 300万円〜600万円未満	世帯年収 600万円以上
小学生の子どもがスポーツや習い事など学校外での体験活動を「何もしていない」(直近1年間)	29.9%	20.2%	11.3%
物価高騰で学校外での体験機会が「減った」「今後減りそう」	50.6%	47.2%	34.7%

出所：東京新聞　2022年12月16日

年々高まってきているようです。

このような体験の差は、質のよい経験をするということにどのような影響を与えるでしょうか。

コルブの経験学習モデルをベースに考えるのであれば、入口としての経験量が乏しい場合、その対象となる機会の違いはその後の振り返りや応用の機会を減らすことにつながってしまいます。

もちろん旅行に行ってないことがすなわち経験不足、ということではありません。近くの公園で友だちと鬼ごっこやかくれんぼ、サッカーや野球をする経験を得られるのであれば、それはまた素晴らしい経験とも言えます。

大切なのは、人材育成過程において、必要かつ、その人にとって質のよい経験を提供できるかどうか、という点です。

相手の状況に合わせて関わり方を変える

では質のよい経験とはどのようなものを言うのでしょうか？　人材育成担当として

も、メンターとしても、職場の上司としても「誰にどういった経験を提供することが望ましいのか」は難問だと考えられます。

そこで参考になるのが「シチュエーショナルリーダーシップ（SL理論）」です。これは行動科学者のポール・ハーシーと組織心理学者のケネス・ブランチャードによって1970年代に提唱されました。具体的には、リーダーが相手（主に部下）の成長や状況の変化に応じて関わり方を変えることで、相手にとって最も効果的な支援を行うための考え方です。

例えば、新入社員や初めての業界に転職したての中途社員など、仕事についてまだ知識もなく、技能も伴わない相手の場合は「問い」を与えるよりも、「教える」ことが優先されます。まず必要な知識を教えることで、相手が知識を得、自分で考える土台を築いていきます。

次第に成長し、自分で考えられるようになってきたら少しずつ「問い」の割合を上げていきます。ティーチングからコーチングの割合を増やしていきます。そして、自分で行動し、成果に責任を持てるようになったら「教える」関わりを減らし、「問い」中心の接し方に変えていきます。

図 17　シチュエーショナルリーダーシップ

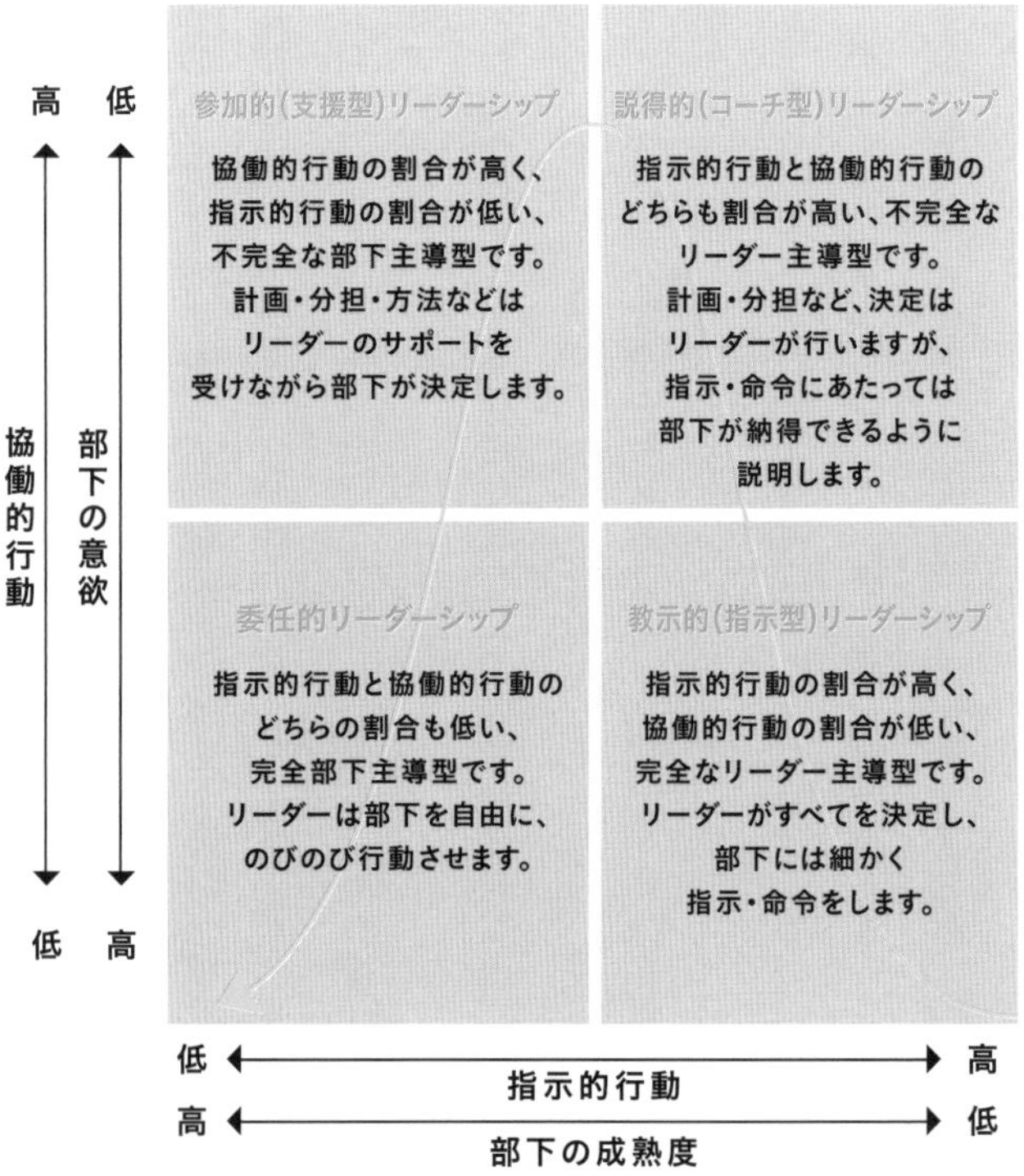
参加的(支援型)リーダーシップ
協働的行動の割合が高く、
指示的行動の割合が低い、
不完全な部下主導型です。
計画・分担・方法などは
リーダーのサポートを
受けながら部下が決定します。
説得的(コーチ型)リーダーシップ
指示的行動と協働的行動の
どちらも割合が高い、不完全な
リーダー主導型です。
計画・分担など、決定は
リーダーが行いますが、
指示・命令にあたっては
部下が納得できるように
説明します。
委任的リーダーシップ
指示的行動と協働的行動の
どちらの割合も低い、
完全部下主導型です。
リーダーは部下を自由に、
のびのび行動させます。
教示的(指示型)リーダーシップ
指示的行動の割合が高く、
協働的行動の割合が低い、
完全なリーダー主導型です。
リーダーがすべてを決定し、
部下には細かく
指示・命令をします。
高
低
協働的行動
低
高
部下の意欲
低
高
指示的行動
高
低
部下の成熟度

（引用・出所）
シチュエーショナルリーダーシップの考え方を基にHRインスティテュートで作成

このように、相手の成長度合にあった「問い」を用意することで相手の「解釈」を引き出し、そしてさらなる行動や改善につなげていきます。成長の度合いに応じて質のよい「問い」というのは異なってきます。

防ぎたいのは、相手にとって最適な関わり方と真逆のことをやってしまうことです。例えば、新人で、まずは知識をインプットすることを求めている人に対して「教える」よりも「問い」を与えることを優先してしまうと、土台がない状況では自分で考えることが十分にできず困惑を招いてしまいます。反対に、自分で考えることができる人に教えてばかりでは相手が嫌気を感じてしまうでしょう。

一人ひとりの「成長度合」に合わせた経験

このように、相手に合った「問い」を選択することで相手の成長を促すことができるようになります。まず人にはそれぞれ、人材としての成長度合がありますが、それを次の4つのレベルに分けて考えます。ここでは会社組織を前提に考えることとします。

レベル1：まだ社会人、職業人として未熟な段階で仕事そのものの学習を必要とする
レベル2：仕事を覚え始めたが成果につながらないことで不満が生じやすい段階
レベル3：仕事も理解し、実践を通じて成果も出ているがどこか不安を抱えている状態
レベル4：社会人、職業人としての人格を形成し、キャリアの自覚を有している段階

次に、それぞれのレベルに応じて必要な経験とはどういうものか、を定義します。

レベル1：経験範囲は狭くて可。まずは仕事を覚えるための経験が必要。
　この段階で時間をかけすぎてはいけない。できるだけ早くレベル2へのシフトが求められる。

レベル2：経験範囲は狭くて可。その仕事を通じて、より深く体験し、学び、葛藤し、壁を乗り越える経験を積む。ここでは関わる人の一定の支援が必要で、コーチングをしながら成長を支援する。協働が大切で、放任は禁物。

レベル3：経験範囲を広げていく段階。最初の時点ではキャリアの軸が一つでしかなく、これまでの仕事に加えて新たなミッションや領域を追加することでキャリアの軸

を増やしていく。レベル2の段階で培った思考や実践方法をあてはめて応用していく段階。他者に教わるのではなく、経験を通じて得た能力を自ら応用し、駆使して活用していく段階。しかし、時に不安が生じるため、周囲は適度に関与していく。

レベル4：新たな領域でも仕事と能力が確立でき、軸が複数できあがる段階。初心にかえって自らの仕事を振り返り、さらに新たな知識、知恵、工夫を見出す段階。新たな経験、知識獲得の前に、一旦自身がこれまで培ってきた考え方を横に置く(時に意図的に忘れる)ことが求められる。

このように、人にはそれぞれのタイミングで必要な経験というものが存在します。また、そうした人材の成長度合に応じて必要な周囲（主に上司など）の関わりも異なることがわかります。

注意すべきは、一つの経験を中途半端に終えて、次の経験にシフトしてしまうと、その人の成長につながるサイクルを中断させてしまうことになる点です。

人によって学びや成長のスピードは異なるものの、一つの経験をより深く考え、洞察し、葛藤し、乗り越える経験＝経験学習サイクルを備えていないと、その後のどんな経験も浅く、学びにつながらないものになってしまいます。

キャリアを広げる「I型」「T型」「π型」「H型」

また、質のよい経験を積むことで、キャリアも広がりを見せます。

キャリアの広がりは、「I型→T型→π型→H型」というように表されます。

I型とは、キャリアの軸が一つで、限られた仕事、経験範囲で自らを磨いている段階です。ここでは広さよりも深さが問われます。先ほどの成長度合のレベルでは1～2が該当します。

次にT型とは、Iの段階で一定の仕事の深い部分まで理解できた人が範囲を広げる段階です。横に視野を広げることで新たな経験を獲得し始めます。会社の中で新たな業務に従事したり、国内から出て海外へ駐在したり、社外の人との関わりを持ち始めたりする段階です。これによって経験の幅が広がると同時に、他の専門性も養われることでT型がπ型へと変化します。レベル3が該当します。

図18　I型→T型→π型→H型　人材

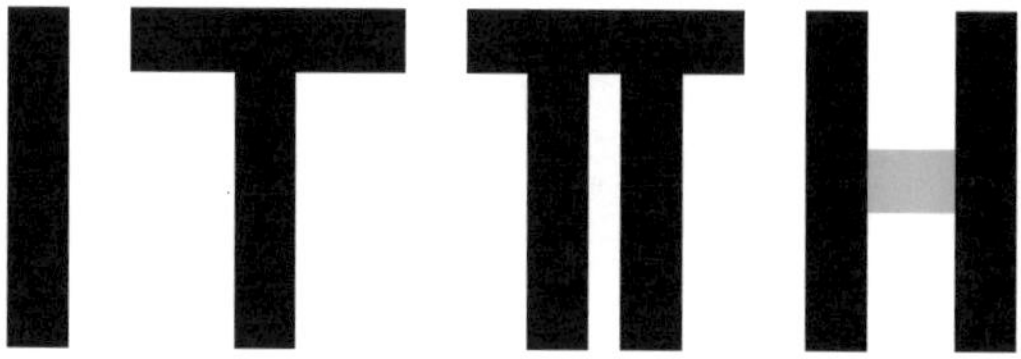

縦軸：専門性（長いほど深い）
横軸：分野の広さ

そして、H型。これは経験を深掘りする能力を持った人が、仕事や経験の範囲を広げることで、新たなキャリアの軸を見出した後に、これまで培った経験同士を有機的につないで新たな個性を発揮する段階です。例えば、当初人事の仕事に従事していた人が、そこでの経験を積んで深掘りした後に、マーケティングの仕事に従事し新たな経験を積んだとします。

その後に、人事の経験とマーケティングの経験を掛け合わせて、例えば「採用マーケティング」の領域のプロとしてキャリアを確立するようなイメージです。

H型はキャリアの軸を増やしていくことで、どんどん横につながっていきます。それはその人の個性にさらに磨きをかけていることを意味します。

サッカー日本代表としても長く活躍し、今もなお世界中に影響を与えている本田圭佑氏は、まさにこの経験学習のサイクルを実践している方だと思います。本田氏は幼いころからサッカーの経験を有していますが、ノートにその日の自分のプレーを書き込んで、毎日振り返りをしていたのは有名な話です。そのノートの蓄積は本人の学びだけでなく、自信も形成していたに違いありません。経験を振り返る力を得たことで、本田氏はサッカーのみならず実業家としても歩みを始め、今や日本を代表するH型人材として活動されています。

その時々に必要な質のよい経験を得て、振り返り、教訓を見出し、応用していく力を身に付けていくことはその人にとっての最大の資産となります。

その経験を通じて「抜け感」が得られるか、視野が広がるか

みなさんもこれまでの経験の中で「あの時は緊張した」と思える経験や、経験をした後に「一皮むけた」と感じた経験をお持ちでしょう。

また、これまで見えてなかったところに視野が及び、自分の考える対象が広がった、といった経験もあったのではないかと思います。

人の心理には「居心地がよい」と感じるコンフォート・ゾーンと、「適度なストレスを感じる」というラーニング・ゾーン（チャレンジ・ゾーン）があると言われています。経験を通じて成長していくためには、このラーニング・ゾーンを自ら開発していく必要があります。

例えば、国内のあるエリアの担当営業として活躍し、顧客との関係性も深く構築できた営業担当者にとって、その顧客と仕事を進めることは成果につながるものの、コンフォート・ゾーンにいる状態と言えます。一方で既存顧客の担当を離れ新規の開拓に挑んだり、他のエリアを任されたり、場合によっては海外営業にチャレンジしたり、職種を変えてマーケティングを担当することは、その人にとってラーニング・ゾーンと言えます。

会社側が意図して新たな挑戦機会を提供することもあれば、自ら依頼してそうした領域を担当させてもらうといった働きかけもできます。

では、このコンフォート・ゾーン、ラーニング・ゾーンの見極めをどのような視点で行えばよいかですが、次の3点が大切になります。

・その経験を得ることで「これまでの閉塞感を打開する」感覚が持てるか
・その経験に挑むことで適度なストレスを感じるか、緊張感があるか
・一方でその経験を得ることに対しパニックになったり、過度なストレスを感じないか

この3つの基準に照らし合わせて、その人にとって適した経験を提供、獲得することが必要となります。気をつけなければならないのは、ラーニング・ゾーンの先にはデンジャー・ゾーンがあり、その領域まで行ってしまうとストレスが大きくなりすぎてしまい、自信を失い、成長を阻害することにつながる点です。したがって、本人だけでなく、本人をよく知る周りからの見極めも大切になります。

図19　人の心理を表す3つのゾーン

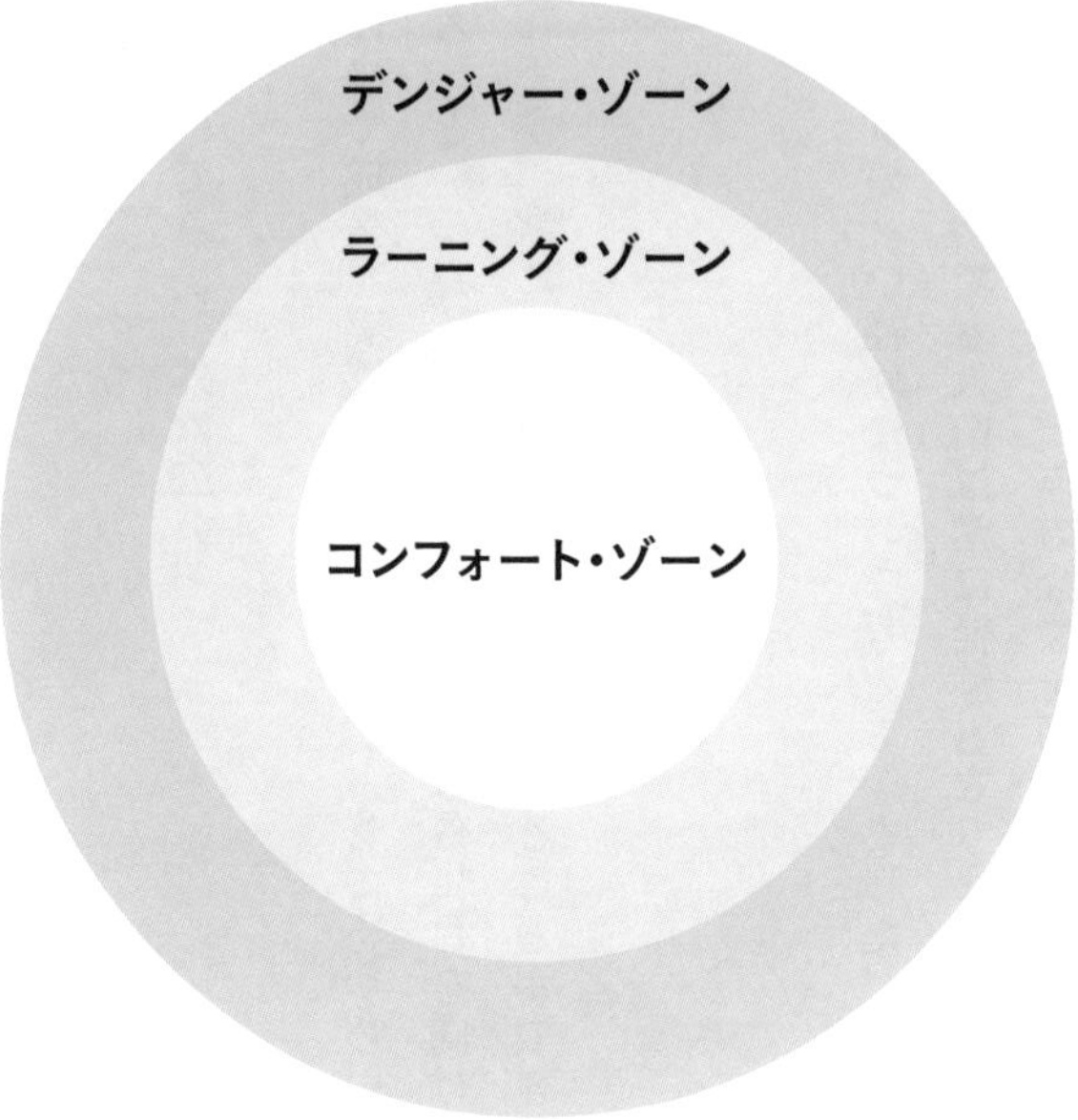

コンフォート・ゾーン	居心地がよく快適な場所（状態）
ラーニング・ゾーン	チャレンジしている場所（状態）
デンジャー・ゾーン	限界を超え、パニックに陥る場所（状態）

豊田自動織機の創業者であり、トヨタグループの創始者である豊田佐吉氏は次のような言葉を残しています。

「障子を開けてみよ、外は広いぞ」

今の仕事で成長を実感できない、安穏としてくつろいでしまっている、閉塞感を感じている、といった状況があるのであれば外に目を向けて、新たな経験を獲得する必要があります。常に障子の扉は自分で開けることができるのです。

ワークアウトでは多様な経験を重視する

ここまで質のよい経験について考えてきましたが、本書で紹介しているワークアウトを実践するうえでも入口は常に経験となります。

ワークアウトはまさに既存の経験を踏まえて、これからどう変えていくか、ということがテーマとなります。したがって、参加する人がどのような経験を有しているか、という点はとても重要な要素となります。また、同じ経験を有している人ばかりを集めるのではなく、できるだけ多様な経験を有する人を集めたほうが相乗効果を生みやすいと言えます。

ベースとして多様な経験の持ち主たちが、同じ新たな経験を得る場がワークアウトです。それにより場の拡散と収束の面積を広げることにつながります。

STEP 2

「質のよい解釈」を生み出す

「質のよい解釈」とはどういうものか

ステップ1では質のよい経験はその人の成長度合によって異なることや、今置かれている閉塞感から打開する行動によって得られるということを解説してきました。

ステップ2では、その経験を踏まえて成長につながる解釈を導くための考え方や具体的な方法を考えていきたいと思います。

同じ事実を目の当たりにしても、前述の「空・雨・傘」の例のように解釈の矛先はその人の捉え方によっていかようにも変えることができます。例えば曇り空を見て、これから雨が降ると解釈する人もいれば、雨は降らないと解釈する人もいます。また寒くなりそうだと解釈するかもしれません。この解釈の矛先は次の判断や行動に大きな影響を与えることになります。

また、解釈というのは人の目に見えないので、周囲からすると関与が難しい、という側面があります。

加えて、解釈はそれまでの経験やどのような上司のもとで働いていたか、どんな仕事に接してきたか、ということに大きな影響を受けます。仮に、事実を目の当たりにした際に、ネガティブに解釈することが当たり前の職場で育ってきた人は、自然とそうした解釈をすることになります。反対もまた然り、です。

ある英語学習ビジネスを展開する社長は人材採用の面接において、「前職で関係のあった他人や組織の悪い側面を口にする人は採用しないことに決めている」とおっしゃっていました。あえて面接の場で伝える必要のないことを口にするような解釈の癖や習慣はなかなか修正が難しいもの、と判断されているからだと思います。

社員として採用する段階で、その人が事実を踏まえてどのような解釈をする人かを見極めることは大切である一方で、実際に入社した後の社員にはどのような解釈を促すことがその人自身の成長や組織の成長につながるでしょうか。

それは、「〝目的〟的であること」。これが質のよい解釈の定義と考えています。

その解釈がポジティブなのか、ネガティブなのか、ということではなく、その解釈が組織や個人が据えている目的に適しているか、目的に対して的を射ているか、つまり〝目的〟的であるか、という見方が必要です。仮にポジティブな解釈をしていたとしても、目的とずれていては意味がありません。それは単に楽観的と言わざるを得ません。一方で、悲観的に見える解釈をしていたとしても、それが組織の目的と一致し、また個人として目指すキャリアの方向性と一致しているのであれば、それは〝目的〟的であり、よい解釈だということが言えます。

したがって、成長につながる解釈をする力を高めるには、その組織の目的を理解し、個人の目的を意識できていることが前提として必要になります。またその重なりの部分が広ければ広いほど、その人の解釈は組織が期待しているものと近づく、ということになります。

解釈の質を高めるための3つのアクション

ここまでの話を整理しておきましょう。

質のよい解釈とは〝目的〟的であること。この解釈の矛先を有していないと、どんな経験を獲得しても、それが組織や個人の成長につながらない、という残念な結果となってしまいます。したがって、質のよい解釈を促すためには、シンプルですが次の3つのアクションが必要になります。

1 組織の目的を伝える、共有する、何度も話し合う
2 個人の目的を聴く、訊く、受けとめる
3 組織の目的と個人の目的の重なりを明らかにする

この重なりが得られて初めて、経験〜解釈の質が整います。

目的の重なりがない段階で経験を提供しても、双方にとってWIN—WINにつながる解釈が得られにくくなります。根気よく、向き合っていくことが必要である一方で、向き合ったうえでも重なりが得られない場合は目的が重なる組織を選び、別の道を歩む、という選択肢があることも忘れてはいけません。

この「組織の目的と個人の目的のすり合わせ」を頻繁に行う会社の代表例が、先述したリクルートです。個として何をやりたいか？　どうなりたいか？　という問いをもとに、組織の目指す方向性との重ね合わせを面談、グループミーティング、様々な局面で実施します。同様に、メルカリも目線合わせのためにバリューを共有し、すり合わせを行っています。

個人のWILL、組織が求めるMUST、そして個人が培うスキルとしてのCAN。この重なりを模索することで、個の解釈と組織の解釈が一致し始めます。

図20　組織の目的・個人の目的　その重なりと適合する解釈

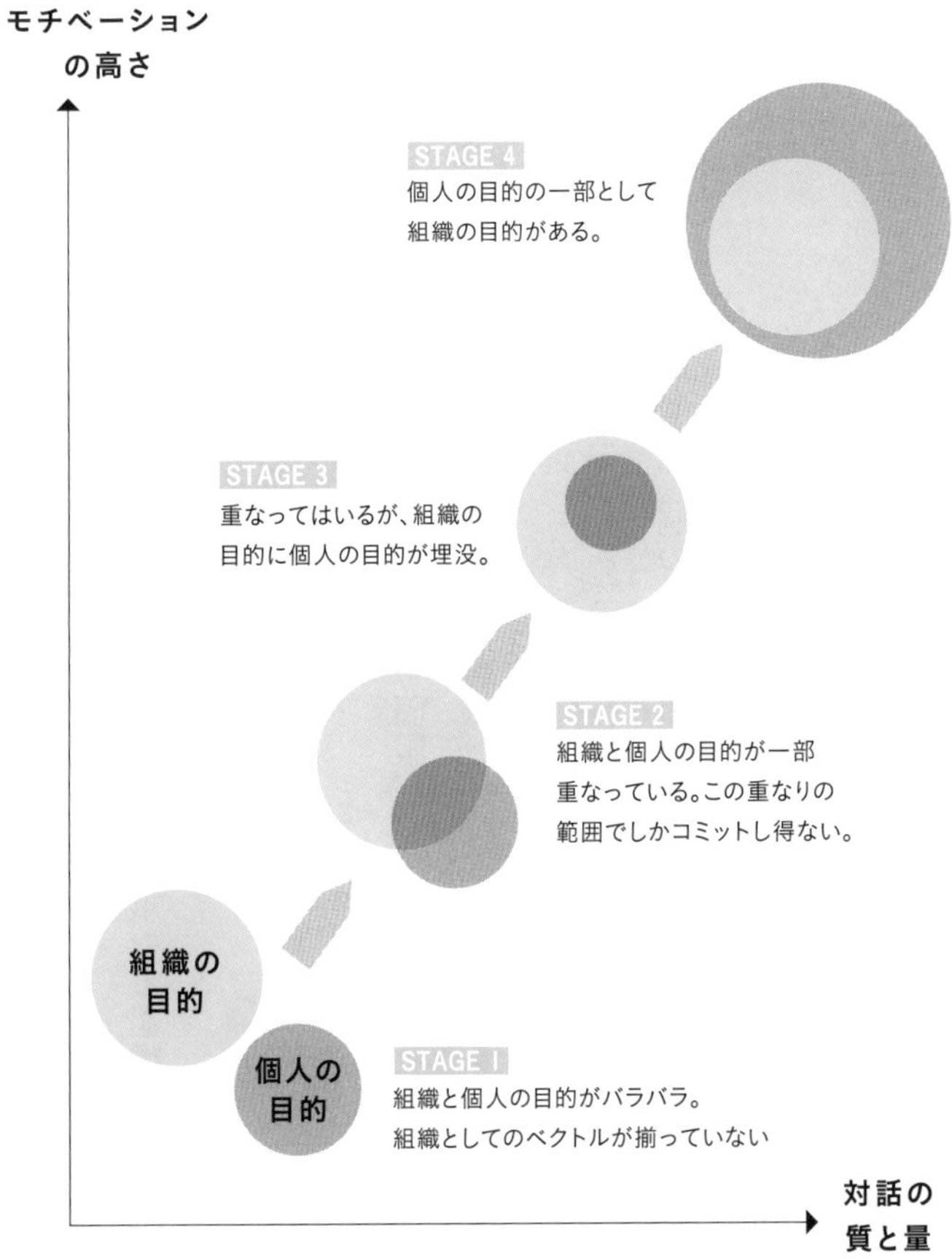
モチベーションの高さ
STAGE 4
個人の目的の一部として
組織の目的がある。
STAGE 3
重なってはいるが、組織の
目的に個人の目的が埋没。
STAGE 2
組織と個人の目的が一部
重なっている。この重なりの
範囲でしかコミットし得ない。
組織の目的
個人の目的
STAGE 1
組織と個人の目的がバラバラ。
組織としてのベクトルが揃っていない
対話の質と量

その人、組織にあった質のよい「問い」が質のよい「解釈」を生み出す

経験から解釈を導き出すために、人の協力を得ることも大切です。解釈を導くうえでのトリガーになるものが「問い」です。

例えば、初めて行った飲食店での経験をもとに解釈を導く場合を想定してみましょう。どういう問いを置くかによって、導かれる解釈は異なってきます。

・お店の雰囲気はどうだったか?
・また行きたいと思うか? その理由は?
・どんな客層が来ていたか? なぜその客層はこの店に来るのだろうか?
・あなたがこの店から改善を頼まれたら何をするか?

このように一つの経験から複数の問いを得ることで、多様な解釈を導くことができます。それによって新たな仮説を描き、場合によっては判断、行動につなげることが

できます。

このように問いの影響というのは大きいのですが、それを一人で行うのはなかなか難しいと言わざるを得ません。

そこで頼りになるのがコーチ役の存在です。自分では引き出せない解釈を引き出してくれるコーチがいることで、新たな視点から物事を見つめ、自分を振り返り、次に活かすことができるようになります。

「質のよい問い」は戦略的な思考も呼び起こす

質のよい解釈を導くためには問いが必要だということについてお話ししましたが、問いによってより戦略的な思考を引き出すことも可能になります。

例えば、次のようなシチュエーションがあったとして、みなさんであればどのような質問を相手に投げかけるでしょうか？　考えてみてください。

将来的にハリウッドで俳優として活躍したい日本人の高校生からの質問。

「ハリウッドで活躍する俳優になるために、まず何をしたらいいか考えていて……」

自身の夢は明確ですが、最初にどのように行動したらいいかを思案しているようです。あなたがこの高校生に「質のよい問い」を提供するとしたらどのようなものになるでしょうか？


例えば次のような問いが考えられますね。

「英語は話せる？　英語でのコミュニケーションが必要だから、まずは英語をがんばってみては？」

または次のような問いかもしれません。

「オーディションなどで演技を評価されますよね。演技力を磨くために日本の劇団などに入って腕を磨いてはどうでしょう？」

さらには次のような問いかもしれません。

「ハリウッドですでに活躍している俳優さんが辿ってきた道を調べてみては？」

いずれもこの高校生のことを思っての問いなのでよい印象を与えると思います。しかしながら、これらの問いは「ある視点」が欠けています。それは何でしょうか。

欠けている「ある視点」とは、〝相手の立場〟に立った視点です。ハリウッドで活躍する俳優になりたいのであれば、ハリウッドの関係者に認められる必要がありま す。また、ハリウッド側の立場からすれば日本人を起用する際に、他のアジア国籍(韓国、中国など)の方も候補に入ってくるものと思われます。このように考えると、次のような視点での問いは相手に良質な思考を呼び起こすかもしれません。


「ハリウッドは今後、どんな映画をつくっていこうとしているのか?」

「ハリウッドから見た時の日本、アジアのマーケットの位置付けってどうなんでしょう?」

「ハリウッドの関係者が日本からきた高校生を起用したいと思うとしたら、それはどんな映画でどんな配役だと思いますか?」

「韓国や中国の俳優ではなくて、日本から来た俳優を起用するとしたら、その理由は何でしょう?」

こうした問いは、相手の戦略的な思考を呼び起こします。つまり、当事者は自分のスコープでものを見て、考える傾向がありますから、あえて反対の立場、つまりそれは顧客、競合の立場からの問いを提供することが効果的となります。

これをみなさんの仕事に置き換えてみるとどうなるでしょうか。


「あなたの提案をお客様の立場で見たらどう評価しますか？」

「お客様の立場で考えたら何を重視しますか？」

「お客様にとって競合ではなく、自社を選ぶとしたらその理由は何でしょう？」

「今、お客様が置かれている状況ってどういう状況でしょう？」

「あなたが競合だとして、一番やられたら嫌なことってなんでしょう？」


こうした問いは当事者のスコープを広げ、相手の目線から考え、捉えなおす際に有効です。それは結果的に3C分析（カスタマー、コンペティター、カンパニー）の視点を提供することになり、顧客が求め、競合が提供できず、自社のみが提供できる価値、すな

図21　バリュープロポジションとは

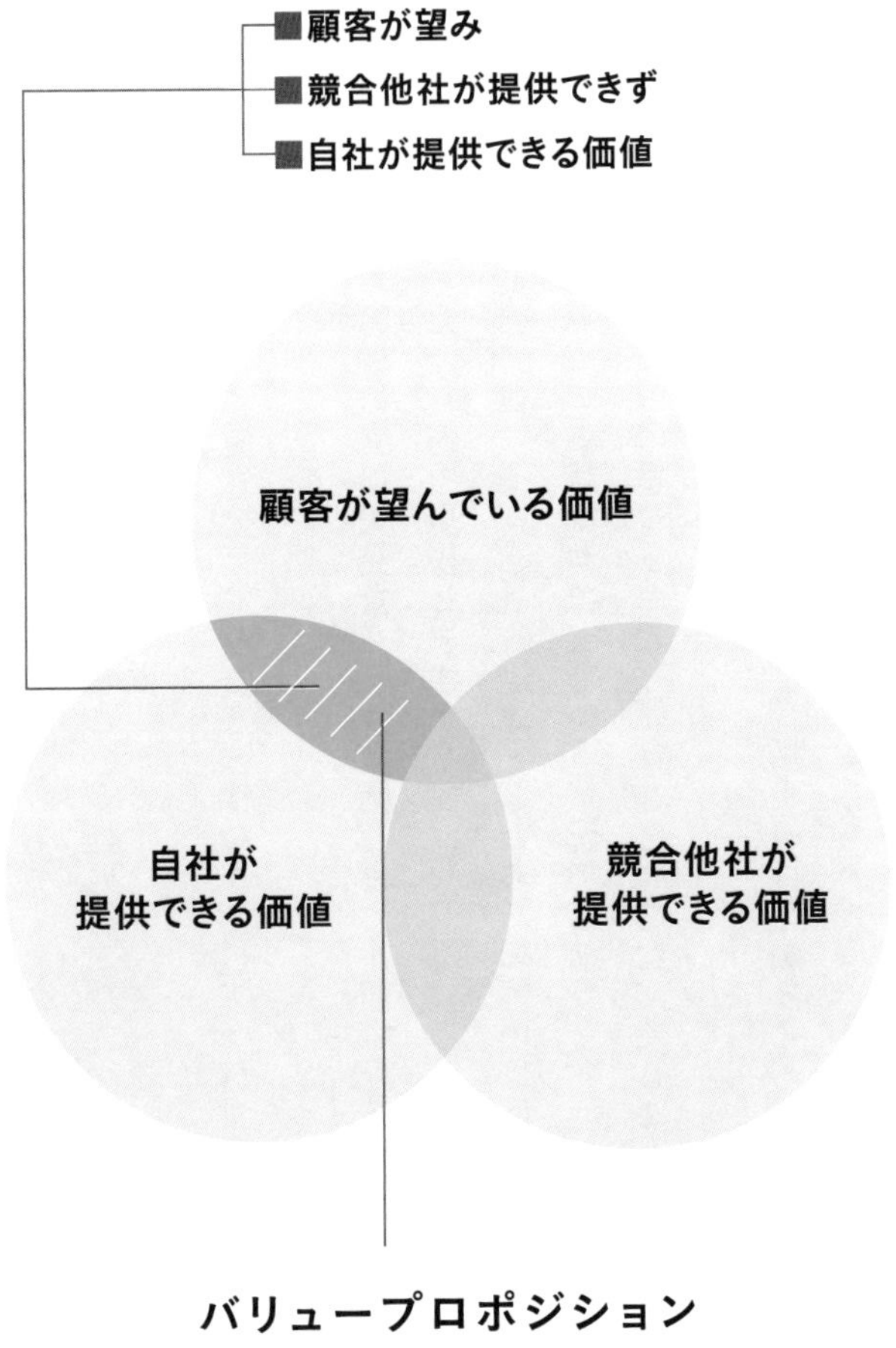

わち「バリュープロポジション」を見出すことにつながります。

問い一つで、解釈が変わり、考え方が変わり、行動が変わり、結果が変わります。問いの与えるインパクトはとてつもなく大きいのです。そして、結果につながる解釈の仕方を覚えた人は、それを自分で行うことができるようになり、継続的に結果を生み出し続けます。質のよい問いが質のよい解釈を生み出すのです。

解釈の矛先は一つではない。拡散して絞るトレーニングを重ねる

先に解説もしていますが、事実から導かれる解釈の矛先は常に複数あります。したがって大切なのは、あらゆる解釈を想定したうえで「絞る」思考のプロセスをトレーニングすることです。

では、解釈の幅を広げて考えるためにどのようなことを実践すればいいでしょうか？　それは次のような習慣を持つことで実践できます。

・自分とは異なる解釈をする人にあえて意見を聞いてみる
・様々な人の見解を集めてみる
・情報収集は国内外、あらゆるメディアを情報源にする
・ニュースサイトを見る場合はニュースだけでなくコメントも一定数読んでみる
・あるニュースを取り上げてブレーンストーミングをしてみる
・あえて自分の中に、異なる解釈をぶつける「別の自分」を生み出してみる

自分の解釈に自信を持つためにも、あえてあらゆる解釈に耳を傾けてみることが大切です。もちろんその中には時には、ただ批判したい、否定したいといった誹謗中傷のようなものも含まれますので、そういうものに気を奪われないように注意が必要です。しかしながら、人のあらゆる受け止め方を理解することは自分自身の解釈の幅を広げることになりますし、何より、あらゆる解釈を前にしたうえで、自らの解釈を持つことは自信につながります。

例えば、会議であるデータについて話し合っていたとしましょう。そこで自分の解釈を持った場合も、その解釈だけをいきなり信じるのではなく、まず他の人の解釈に

も耳を傾けてみましょう。「○○さんはどう思います？」と質問をして広げてみることも有効です。そのうえで改めて「自分はどう思うか」を言葉にすることでバランスが保たれるようになります。

このように、解釈の幅を広げた後には意思決定をする必要があります。ここまでに紹介してきた質のよい解釈を生み出す考え方をもとに、いくつもある解釈の矛先から自分の解釈と照らし合わせながら「絞る」作業を行い、意思決定をしていくのです。

「やらない」と「やれない」の解釈の違い

加えて、解釈をする際に、自らや相手の癖をわかっておくとよいでしょう。成果をあげるには、成果につながりやすい解釈の仕方、というものがあります。それについてここでは解説をします。

仕事をしていると、何かを人に頼む、というシチュエーションがあると思います。しかし、何かを頼んでも相手がなかなか実行に移してくれないとしたら、あなたはどのように解釈するでしょうか？　具体的に、次の2つのうち、どちらの解釈をする傾向にあるでしょうか？

①〇〇さんが、頼んだことをやらない

②〇〇さんが、頼んだことをやれない

「やらない」と解釈するのか、「やれない」と解釈するのかによって、その後のあなた自身の判断や行動の仕方が変わってきます。

①の場合の「やらない」という解釈の場合は、次のように思考が展開されるでしょう。

「やらない」→「なんでやらないのか」→「やりたくない理由があるのか」→「どうしたら〇〇さんがやりたくなるだろうか」

①の「やらない」と解釈する人の頭の中では、相手が主語のまま、相手が「やりた

くなる」にはどうしたらいいか、という少し精神面に偏った解釈が生まれる傾向にあります。

一方で②の「やれない」と解釈する場合はどうでしょうか。

「やれない」→「なんでやれないのか」→「何かやれない理由があるのか」→「どうしたら○○さんがやれるようになるだろうか」

このように「やれない」と解釈すると、「どうしたらやれるようになるだろうか」という物理的な側面に思考が向く傾向があります。

「精神面」に解釈が向かうのか、「物理面」に解釈が向かうのかによって、その後の行動が変わります。どちらがよい、悪い、ということではないのですが、成果につながりやすいのは「やれない」と解釈し、物理的な側面での改善につなげるほうです。

なぜなら、人の精神というのはなかなか理解しがたく、扱いにくいからです。結果的に、捉え方を変えるのは相手次第でもあり、なかなかコントロールすることが難しいという側面があります。

一方で、原因を物理的な側面に見出すようにすると、業務の依頼の仕方を変えたり、業務そのものを変えたり、環境を整えたり、といったように、自分で行動できる範囲が広がります。

こうした考え方は「ナッジ理論」で説明されます。ナッジ理論とは行動経済学で用いられる理論の一つとして知られ、「ナッジ（nudge）」を直訳すると「ヒジでちょんと突く」という意味であり、少しの変化によって相手や周囲の行動に変化を及ぼす理論として知られています。このナッジ理論は、2017年に理論の提唱者である行動経済学者リチャード・セイラー教授がノーベル経済学賞を受賞したことで世界的に広まりました。現在では企業のマーケティング戦略で利用されるほか、各国の公共政策でも使われています。

有名な例に、英国・ロンドンで設置された公共の灰皿があります。喫煙所に灰皿を置いておいてもタバコのポイ捨てがなくならない状況が続いている中で、ある灰皿が考案されました。

それは2つの透明の板が張られた灰皿で、どちらかにタバコの吸い殻を入れることで投票できる投票箱のような形状をしています。その灰皿には質問が書かれていて、例えば「どちらの選手が素晴らしい？ ロナウド vs メッシ」といったように巷の人が互いに話題にするような問いが与えられ、タバコを吸った人は吸い終わった吸い殻をどちらかに投票するがごとく捨て入れます。すると、透明の箱の中に吸い殻が溜まっていき、どちらが多くの票を集めているかを確認できるようになります。

このように、少しの環境の工夫で行動に変化をもたらすことができるのです。こうしたナッジ理論をもとに工夫された事例は他にも多数あります。

仮にタバコのポイ捨てのような問題と直面した際に、「ポイ捨てするのではなく、きちんと灰皿に捨てられるようにするにはどうすればいいか？」と解釈し、問いを立てて、工夫を見出すことで成果につながりやすくなります。

精神的な側面に原因を見出すことも決して悪いことではないですが、共感したり悩んだりはするものの解を見つけにくい傾向があります。できればそこは割り切って「物理的な部分に原因があるのでは？」と解釈し、仮説を立ててみると、異なるアプローチが見つかるかもしれません。

ワークアウトで解釈の幅を広げる

ここまで解説をした視点に基づくと、ワークアウトの役割は参加者の解釈の幅を広げることと言えます。ワークアウトを通じて、それまで１つの経験から２つ、３つの解釈のみもたらしていた組織が、目的を踏まえて10、20の解釈をもてるようになる。それがワークアウトがもたらす効果です。当然、解釈が広がることはその後の意思決定の難易度を高めることになりますが、それによって新たな手法を見出すことができ、結果を変えることにつながります。また、ワークアウトによって多様な解釈を導き出す方法を身に付けた参加者が、自らの現場で同様の力を発揮することでさらに効果が広がっていくことになります。

STEP 3

「質のよい判断」を促す

意思決定力を高める

ステップ2では解釈を導くために「問い」が必要であること、そして解釈には幅が求められ、物理的な側面へ導くことが効果的であることについて触れてきました。ステップ3では、こうした解釈のもと行われる「判断」のあり方について考えてみましょう。

ワークアウトでは具体的な経験をもとに様々な事実を共有・分析し、チームでブレーンストーミングを行うことで幅広い解釈を場に出すことを実践します。そしてそこで終わりではなく、「で、どうする?」が問われます。単に解釈を表に出す場に参加して、周りと意見を交わしていれば実践できますが、そこから「で、どうする?」という方向性を示したり、最終的な意思決定を下したりすることとは雲泥の差があります。

ワークアウトに参加しているメンバーを見ていると、判断を示すことができる人と、それができない人の差が歴然と現れます。では、意思決定をスピーディかつ的確に行える人はどういう思考回路でそれを実践しているのでしょうか。

まず大切なのは「リーダーシップ」です。

スタンスとして「リーダーシップを発揮する姿勢が備わっているかどうか」、で判断の差が生まれます。「なんだ、リーダーシップの違いか」となると、持って生まれた素質の違いと解釈されるかもしれませんが、そうではありません。大切なのは「リーダーシップを発揮することを仕事だと解釈できているかどうか」です。

ピーター・ドラッカーはリーダーシップを備えること、鍛えることの第一の要件は「それを仕事と捉えること」と定義しています。ではリーダーシップを仕事と捉える、というのは具体的にどういうことでしょうか。

わかりやすいのは「制服効果」です。これは制服を着ることで、その人の心理状態や行動が変わる効果を指します。例えば、みなさんが駅員として短期のアルバイトをしたとします。利用客との見分けがつくように制服を着るでしょう。すると駅での振る舞いが日常の利用客としてのそれとは異なってくるのではないでしょうか。これは駅員という役割において、ユニフォームが与えられたことによって明らかに「仕事」の意識が生まれ、行動に変化がもたらされているからです。利用客として判断しなかったことも、駅員としてであれば判断しようとするのではないでしょうか。

もちろんどんなに役割やユニフォームが与えられても、判断ができない人は存在します。しかしながら、このように何かを意思決定すること、判断することが仕事である、と解釈することが意思決定する力を高めるのです。様々な解釈から判断し、意思決定を行う力を磨くには、まずそれを行うことが自らの役割であり、仕事である、と解釈することが入口と言えます。

「質のよい判断」は全体観（MECE）が土台となる

判断することが仕事であることを理解したら、次はその質について考えてみましょう。質のよい「判断」とはどういうものでしょうか。私たちは次の要素を備えている必要があると考えています。

・感情的ではなく、論理的であること
・部分だけを見ているのではなく、全体を俯瞰できていること
・結果的に周囲が納得できること

判断というのは最初から論理的に行われるものかというと、必ずしもそうではありません。例えば、テレビCMやスマホのCM動画で何らかの商品やサービスを見た時、まず「よさそう」「これほしい」といった直観が働くように、最初から論理的な理由が存在するのではなく、どちらかと言えば直観が先に働いて、後から論理的に検証する、という流れが一般的です。

したがってまず心得ておきたいのは、どんなに論理的に判断していそうな人でも、最初は直観で仮説を描いて、その後慎重に論理的な裏付け、検証作業を行っているということです。そう考えると、磨くべきは「直観」と「後追いの論理的思考による検証」ということになります。

では、直観はどのように磨けばいいのでしょうか。これは鶏と卵のような関係になりますが、「直観→論理的思考による検証」という作業を繰り返すことによって、次

第に直観力が身に付いてきます。つまり、経験量を増やすことが大切なのです。したがって、まったく経験していない領域で直観を働かせるのはなかなか難しいことであり、いわゆる職人技的な直観はこうした経験量を積み重ねるところから鍛えられていると考えたほうが自然と言えます。

では「論理的思考による検証」をどのように実践していくか、という点ですが、それは「全体観」を磨くことに他なりません。

全体観を磨くというのはＭＥＣＥで考えることを意味します。ＭＥＣＥとは"Mutually Exclusive and, Collectively Exhaustive"の略で、「ミーシー」または「ミッシー」と読み、「モレなく、ダブりなく」と訳されます。例えば、何かの製品を購入する際に、その製品の何をチェックすればいいでしょうか。一例を挙げるならば「ＱＣＤ」というＭＥＣＥのフレームで確認をするとよいでしょう。ＱＣＤとは、Quality(品質)、Cost(価格)、Delivery(納期)の頭文字を並べたものです。この段階で仮に価格にばかり関心が偏ってしまい、大事な品質面の確認が疎かになった状態で購入の判断をしてしまっては、後悔することになることは容易に想像がつきます。ＱＣＤを意識することで、より全体的な視点で検証できるようになり、正しい判断につなげることができます。

このように最初は直観を働かせ、後に冷静にMECEで全体を観ながら検証を行う、といった思考プロセスを何度も経験していくことで「判断力」は次第に養われていきます。

共感性を養うことで全体観を養う

MECEで全体観を持つことによって質のよい判断が可能になる点については触れました。では、こうした全体観を養うにはどのようなトレーニングが必要になるでしょうか。

モレやダブリがなく考える力を身に付けるには、フレームワークを知っているだけでなく、様々な立場に置き換えて物事を見る「共感性」を養うことが必要になります。

共感性とはどういうことかと言うと、自分のフィルターだけで物事を捉えるのではなく、相手の視点、第三者の視点にフィルターを入れ替える、ということです。

具体例として私の経験をお話しすると、東京・原宿にあるHRインスティテュー

図22 MECEとは

MECE

Mutually(相互に)
Exclusive(排他的)
Collectively(全体として)
Exhaustive(網羅的)

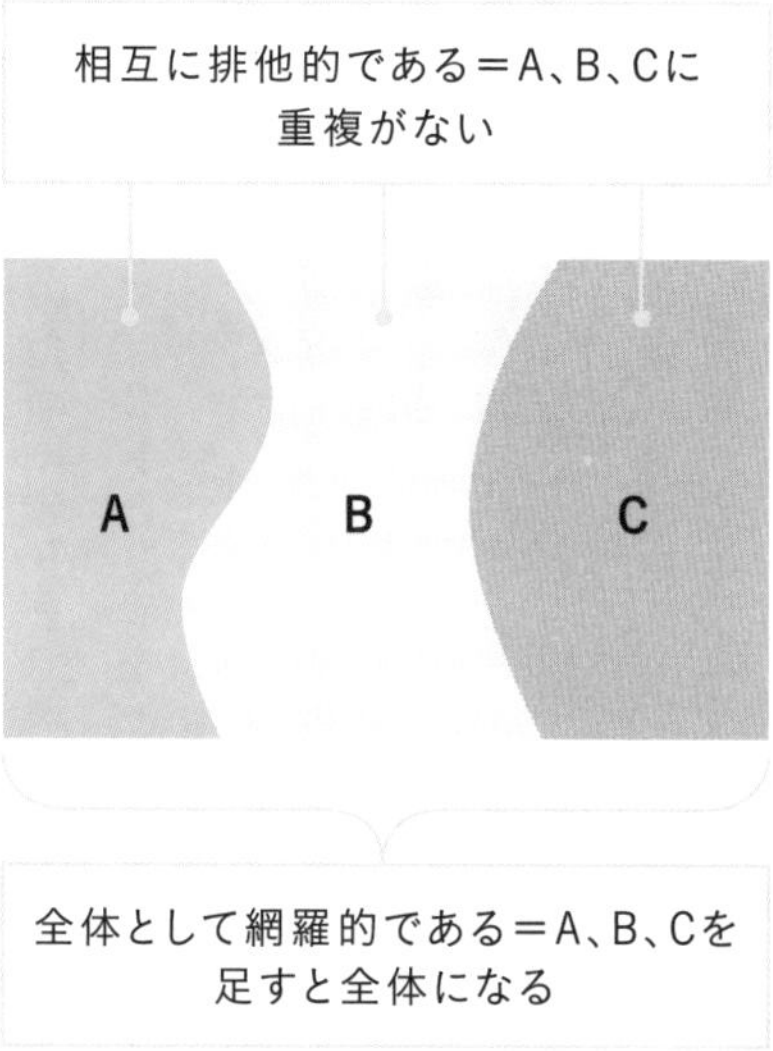
相互に排他的である＝A、B、Cに重複がない
A
B
C
全体として網羅的である＝A、B、Cを足すと全体になる

トのオフィス（ピジョンハウスと呼んでいます）は3階建ての木造建築なのですが、エレベーターがありません。そして、1Fと2Fにセミナールームがあり、3Fが事務所となっています。ある日の会議で「社員が事務所に毎日行くのに3Fまで階段で上がったり、宅配便の方も荷物の受け渡しのために3Fまで階段を上がってもらったりするのも大変なので、事務所を1Fにして、2Fと3Fをセミナールームにしてはどうか」というアイデアが挙がりました。また「セミナーに来てくださる方にとっても、3Fからのほうが見晴らしがよく満足度も高まるのでは」という意見もありました。私も賛成していたのですが、この話を創業者の野口にしたところ「車いすでお越しになる受講者はどうするの？」と即座に質問されました。その瞬間、このアイデアは成り立たないことがわかり、今も3Fが事務所のままです。その視点を持っていなかった自分の未熟さを痛感しました。

このように、何かを判断する際に様々な人の意見を聞いたり、理由を考えたりしても、何かの視点が抜け落ちてしまうことはよくあります。その際に気づかされるのが、様々な立場で物事を見るためのフィルターの入れ替えができていないことです。これは論理性というよりは、共感性が不足している際に生じることでもあります。

マーケティングに従事している人はお客様の立場で物事を考える必要がありますし、経営者であれば社員、お客様、株主、取引先様など、様々なステークホルダーの視点に立って考え、物事を判断していくことが求められます。

MECEに全体観を捉えることは「論理的思考」の一環として認識され、トレーニングがなされていますが、こうした論理的思考に加え、共感性を高めなければ本質的に全体観を押さえられないことも忘れてはならないでしょう。

質のよい判断をする力を高めるために、様々な立場の人の心情や状況に寄り添うことはダイバーシティ・インクルージョンの観点からも重要と言えます。

判断を誤らせる「自動思考」とは

物事の判断のスピードを上げ、正確性を高めるためには経験が必要です。経験がないことを判断する際に、ただスピーディに行うと間違った判断をしてしまうことにつながります。経験を積み重ねていく中で、スピードと正確性の双方が高められていきます。

例えばゴルフに置き換えてみると、グリーン上のボールを、カップにめがけてどのように転がすか、という判断を速やかに、かつ正確に行うためには、そうした経験を幾度となく経てきていることが必要です。同じようなことが仕事でも言えるでしょう。

しかしながら、ゴルフもいつも晴天なわけではなく、強風の日もあれば、芝のコンディションも一定ではありません。環境が常に一定であれば経験をずっと活用することができますが、環境が変化する前提においては、プレーをする側が経験をしたことのないコンディションにおいて常に判断を変えていかなければなりません。

実際のビジネスにおいても同様です。いつも相手が同じわけではありませんし、市場環境や競合の戦略も変化します。その変化を前提に、判断を入れ替えなければ成果は安定しません。

経験のよいところはスピーディかつ正確な判断を導けるところにありますが、経験に頼りすぎてしまうことには注意が必要です。事実が変化しているのに、その変化に呼応して解釈を入れ替えない状態、いわゆる「自動思考」に陥っていると、判断を誤ってしまうことにつながるからです。

「自動思考」とは、ある一定の思考プロセスに慣れきってしまって、いわば考えなくとも結論を出してしまう状態です。自動思考は生産性が高い状態で固定化されれば一定のメリットがありますが、前提としての環境が変わっているのに習慣を変えない、教わったこと以外のことができない状態になれば、かえって生産性や効率を下げてしまうことになります。

例えば、インターネットやスマホ、ＣｈａｔＧＰＴのような技術が進化しているのにそれらが存在する前の習慣を変えない人は、効率のよい生活をしているとは言えないでしょう（それが食わず嫌いではなく、様々な挑戦をしてみたうえで判断しているのでなければ、ですが）。

実際、部活動などのスポーツでも練習中にコーチが教えたことを試合でしっかり実践するものの、敵の出方次第では戦い方を見直したほうがいいような局面がありますす。でも、練習してきたこと以外はなかなか挑戦ができない、といったことがよく起こります。これは練習において様々な種類の戦い方を経験してきていない、という見方もできますが、そもそも、なぜその戦い方を選ぶのか、といった理由や前提を理解できていない状態で繰り返していることから、判断の応用が利かなくなってしまっているとも言えます。

経験が目の前の事実の変化や、それらについて解釈することを飛び越えて判断につながってしまうことで、自動思考状態ができあがります。先にも解説したように「空・雨・傘」のつながりの中で、事実に基づいた解釈、解釈に基づいた判断、という思考のプロセスを経ることの経験値を高めることこそが質のよい判断につながります。

「ヒト」と「コト」を分けた批判が論理性に磨きをかける

質のよい判断をする力を高めるうえで、一定の批判にさらされることはとても大切です。

みなさんの周りには、自分の考えや意見に対して建設的で多様な解釈に基づく批判を提供してくれる人がいるでしょうか？　もしいるのなら、その人物は思考に磨きをかけるうえでとても大切な存在ですし、いなければ積極的にそうした批判的な見解を提供してくれそうな人に自ら働きかけをしていくべきでしょう。

ただし、ここで言う批判とは、目的と事実認識が一致する中で、異なる解釈から導かれる見解による批判を意味するものであって、事実や根拠に基づかない誹謗中傷や野次の類、ただ感情的な見解や別の目的を満たすための意図的・恣意的な批判などを含みません。

また、批判をする、受ける際には「ヒト」と「コト」を分けることが必要です。批判はあくまで「コト」に対して行われるものです。

コンサルティングの仕事をしていると「批判」をすることが求められるのですが、相手によってはなかなか批判しにくいタイプの方がいます。それは「ヒト」と「コト」を同化させてしまい、批判を受けた時にあたかもご自身の存在や立場そのものが否定されたと解釈をされるタイプです。

一方で、「ヒト」と「コト」を分けて批判を受けとめられるタイプの方には安心して批判的な解釈や新たな解釈、判断の方向性を示すことができます。そういう人にはどんどん意見が集まり、自然と人が集まってきます。そして、アイデアが常に富んだ状態が形成されていきます。

トヨタ自動車には、問題が生じた際に「なぜ？　を5回繰り返せ」という習慣があるといいます。「なぜ？・」を5回程度繰り返すうちに、表面的な問題の奥にある本質的な原因を探ることができる、という考え方です。しかしながら、トヨタで実際に働いている方にこの考え方や習慣についてヒアリングをすると、次のような懸念をいただいたことがあります。

それは「なぜ?」を5回繰り返すのは、あくまで「仕事」やその「結果」「業務」「工程」などに対してであって、人に対して行うものではないというものです。人に対して「なぜ、できなかった?」「なぜ、やらなかった?」と質問をぶつけるものではないのに、一部では人に向けられて「なぜ?」を繰り返すような解釈が生まれていてそれは間違っている、という懸念です。

トヨタには「人を責めるな、しくみを責めろ」という格言のような言い伝えがあるといいます。この言葉に表れているように、あくまで「なぜ?」は「ヒト」ではなく、「コト」に対して向けられるべきであって、それによって関係者も物理的な側面に傾けて物事を考えることができ、冷静にその論理や原因を受けとめられるようになるのです。

あくまで私の解釈ですが、日本人は（私も含め）批判に慣れていないのではないでしょうか。それは元来、和を尊ぶ長所が存在し、それがかえって批判をしにくいカル

図23 「ヒト」と「コト」を分ける

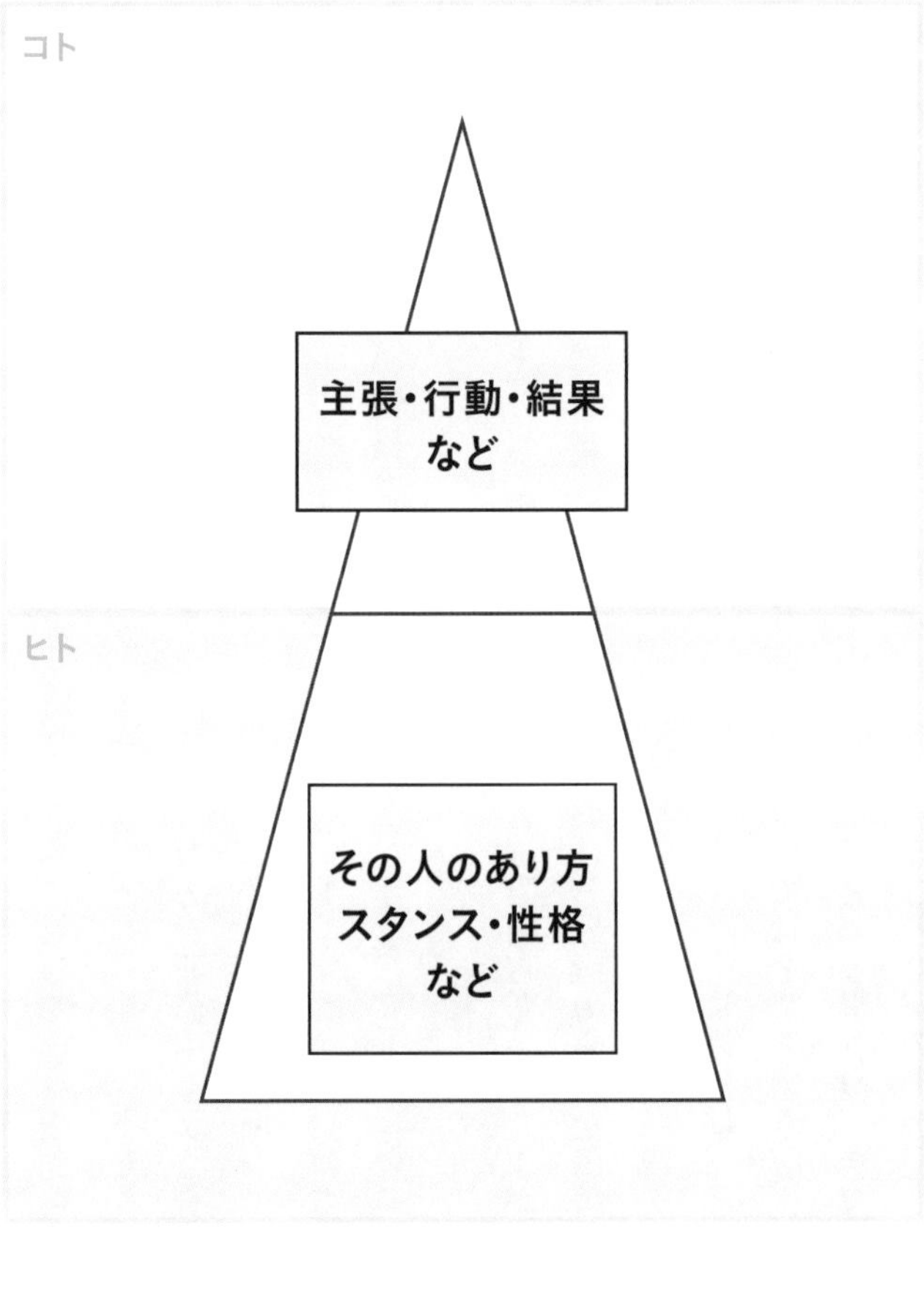

チャーを形成してきたためとも考えられます。コンサルタントとして度々研修を実施してきましたが、日本で生まれ育った方はあまり研修の内容に対して意見や批判をしてこられません。するとしたら終了後のアンケートで率直（？）なコメントをくださいます。一方で、長く海外、特に欧米のカルチャーで育った方は研修中もよく質問をされますし、休憩中に講師である私のところにこられて「私はあなたと違う考えを持っている」というように面と向かって批判をされる方もいます。この違いはなかなか大きいもので、その人個人の性格というよりは、育った環境が影響しているのかな、と思います。

和を尊び、互いの考えを尊重する姿勢を持っていることは素晴らしいのですが、異なる解釈の存在を伝えられないとしたら、それは集団における思考の発展を阻害することになります。「ヒト」と「コト」を分けて、異なる解釈を伝え合える環境をつくることが、互いの成長につながります。一方で、「リーダーになるためには、その人のあり方やスタンス、価値観をも変えてもらう必要があるのでは？」という解釈もあるのかもしれません。私もそう思いますが、その場合は批判というアプローチではなく「対話」を選んでいます。聞く耳を持って互いに対話することで、変化を促していくことも必要です。

判断をする前に、異なる立場の人の存在に想いを馳せる

私たちはワークアウトによる次世代リーダーの育成を支援していますが、実際に会社の未来を背負っていく人材を育てるうえで大切なのは、「自分の判断が会社の未来、社員の未来、関係してくださっている方々の未来を左右する」という強い責任の自覚を次第に持てるようにしていくことです。こうした責任意識は一朝一夕で身に付くものではなく、当事者になってみなければ感覚としてつかめない側面もあると思います。

企業の大きさにかかわらず、経営者の人格において、こうした責任を感じ、自覚ある判断、行動をしているかが重要な要素となります。大企業になれば経営者に限らず、本部を預かっている本部長、部長クラスでも同様のことが言えるでしょう。

こうした資質を高めていくには、何か物事を判断する際に、常に人の顔を思い浮かべる習慣を持つことが必要になります。

・この判断をすると誰が喜ぶか、誰が悲しむか
・この判断をすると誰が得するか、誰が損するか

シンプルにこうした問いを立てて、自問自答するということです。この「誰」というのはステークホルダー全般を指します。

京セラを創業した稲盛和夫氏は、後にKDDIの設立につながる通信事業に参入する際に、次のように自問自答を繰り返したと言います。


「動機善なりや、私心なかりしか」


自身が行う判断の動機が「自己」のためではなく、「利他」のためであるかどうかを軸に思考を巡らし、大きな意思決定と向き合ったということです。

判断の先にどのような未来があって、その未来は誰に、どのような影響を与えるのかを考え抜く習慣をつけることが判断力を養ううえで大切です。

「動あれば、反動あり」とも言います。判断をすれば何かを動かすことになります

が、その反動も必ず生まれる、という原理原則です。誰もが幸せになる判断であれば間違いなく実行すべきですが、企業の経営や事業と向き合っていると多くがそうではありません。むしろリーダーの仕事は多くの反動が想定されることと向き合い、判断をしていくことと言ってもいいぐらいです。

本田技研工業を立ち上げた本田宗一郎氏の相棒として有名な藤沢武夫氏は、次のような言葉を残しています。

「経営者とは三歩先を読み、二歩先を語り、一歩先を照らすもの」

このように、経営者やリーダーとしての人材は周囲がまだ見ていない、見えていない三歩先を読んだうえで判断をしていくことが求められるのですから、反対意見や不同意にもよく見舞われます。しかしながらそうしたことにも屈せずに、利他の精神であらゆる人の顔を思い浮かべながら判断をしていく、意思決定をしていくことが求められます。

では具体的なトレーニング方法ですが、おすすめは「ケアリスト」をつくることです。それぞれの立場で、何かを判断する際に、誰にどんな影響を与えるかを考えやすく、思いつきやすくするために、自身が影響を及ぼす可能性のある人の名前を列挙したリスト（＝ケアリスト）を手帳やスマホの中に忍ばせておきます。そして何かを判断する際に、そのリストを眺めるのです。

「○○はこういう理由から賛成してくれそうだな。一方で、◇◇はこういう理由で反対しそうだな」などと考えを巡らせます。反対が生まれそうだから妥協をするのではありません。考えを進める、判断をするに際して、誰にどのような配慮をするべきか、どんな説明をすると納得をしてくれそうか、そうしたことを考えるために行います。

ワークアウトは上司、経営幹部の判断力も磨く

ワークアウトでは、正解がない状況の中で思考を巡らせることになります。通常の業務であれば上司に判断を仰ぐことで一定の正解を得ることができますが、ワークアウトでは上司としてのスポンサーが現れるのは中間と最終だけです。そこまでのプロ

セスでは、社員自らが主体となって判断を繰り返していく必要があります。

上司や経営幹部には、参加者のアウトプットに対してコメントをしてもらいます。実はこの上司や経営幹部のコメントも、組織力を高めるうえでの大切な経験獲得の機会となります。コメントをする回数を重ねていくと、コンサルタントや他参加者のコメント力に触発されて、コメントのレベルが上がっていきます。そのプロセスによって、上司、経営幹部の「質のよい判断力」向上につながり、主体性を培う組織づくりの芽が誕生します。

ワークアウトは、ここまでで紹介した考えをベースに判断を積み重ねるトレーニングの場となります。判断力はトレーニングで磨くことができます。判断するうえで必要な当事者意識と論理性、そしてバランス感覚を磨く場としてワークアウトが位置付けられます。

STEP 4

「質のよい行動」で結果を生み出す

行動は初動が肝心。2・5・8で動きを創り出す

経験→解釈→判断を経てサイクルの最後に位置付けられるのが「行動」です。そして行動した結果、新たな経験が得られ、さらなる高度なサイクルへとつながっていきます。

ワークアウトでは分析や仮説立案だけでなく、実際に行動をして立案した仮説を検証し、成果を出すところまでを実践していきます。実際に行動することで机上の空論ではなく、経験を経て説得力を増したアウトプットを生み出すことができます。行動することで変化が生まれ、その変化によってまた新たな仮説を得ることもできます。そういう意味で行動の有無が成果の質を分けることにつながりますが、行動は初動の早さに左右されます。

行動に移すのが早い人と遅い人の違いは何でしょうか。それは「分解」できるかどうかにかかっています。

行動が早い人は、仕事を分解することができる人です。

例えば、ある事業の売上が伸びている理由を調査するとします。売上の伸長部分がどこかを突き止めて、その背景を把握することが求められますが、実際に調査をするために必要なのはまず分解することです。

例として次のようなイメージです。

【商品別】　売上＝A商品＋B商品＋C商品

【価格別】　売上＝～〇〇価格＋〇〇価格～〇〇価格＋〇〇価格～

【エリア別】　売上＝Aエリア＋Bエリア＋Cエリア

【変数別】　売上＝平均商品単価×販売数

このように分解することで調査の対象がハッキリします。様々な観点で分解した対象ごとに売上を分析し、傾向を見て、その理由の把握を行います。

分解することで行動が早くなるのは対象が小さくなることで考えやすく、取り組みやすくなるためです。
こうして初動を早くすることはあらゆる面でプラスに働きます。

【初動を早くするメリット】

・早い段階で仮説の検証が行われることで修正が可能になる
・仮に行動して失敗しても次にやりなおす余裕が得られる
・周囲にとっても早めに巻き込まれることで余裕を持って支援できる

0から1を生み出す人がいます。ただ、そういう人の行動を追ってみると、0からいきなり1を生み出しているのではなく、0・1→0・2→0・3と細かな行動を積み重ねていることに気づきます。結果として見ると0から1を生み出しているような創造的な仕事も、必要な細かいプロセスによって生み出されているのです。大事なのは行動を止めないで、この0・1や0・2といった細かい動きをつくっていくことです。

図24　2・5・8の法則

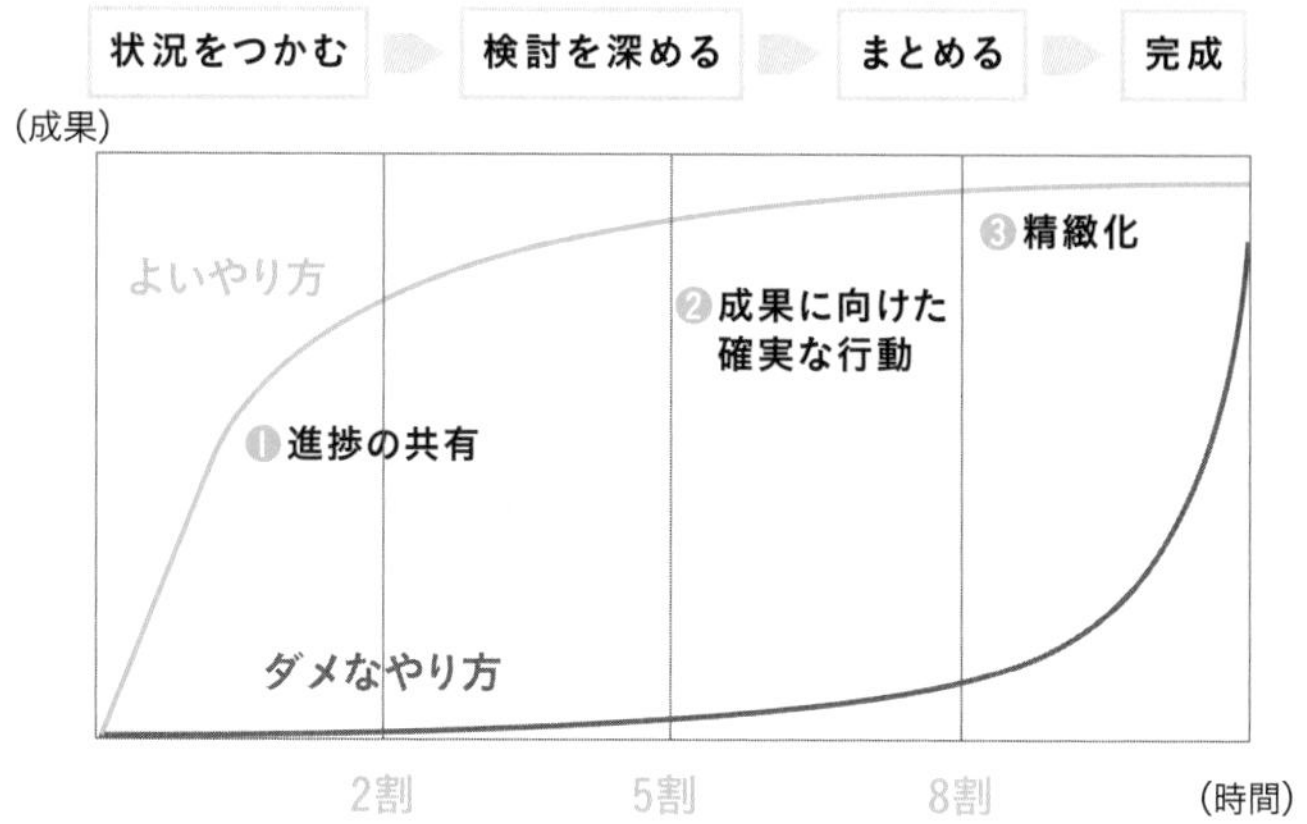

そこで参考になるのが「2・5・8の法則」という考え方です。

それは仕事の段取りを早める考え方を指しますが、具体的には仕事の期限を10と見立てて、2割の時間が経過した段階で初期仮説を構築し、その後検証作業を経て、5割の段階で中間仮説、そして8割の段階で最終仮説に発展させる考え方です。

初期仮説のことを一般に「叩き台」と表現しますが、叩き台が早めにつくられることで仮説を検証する余裕も生まれますし、周囲もイメージが持ちやすくなり、建設的な行動や意見で支援をしやすくなります。反対に、この叩き台がなかなか出てこないと検証もままならないまま最終的な結論を出すことになってしまい、正確性も欠けてしまいます。

ベビーステップを踏むことで変化を生み出す

「2・5・8の法則」に従って行動するために必要なことが次の2つです。

・5分で分解
・ベビーステップを踏む

5分で分解とはどういうことかと言うと、先に示したように行動を早くするには分解することがカギですが、対象業務が発生した直後、5分間で具体的な作業に分解する習慣をつけることを意味します。

5分と表現しているのは「すぐ」ということを強調したいために少し大げさにして

いますが、そのぐらい速く分解することで初動の早さにつながる、ということです。
例えば次のようなイメージです。

上司から「来月までにクラウド会計システム導入に関する会議用説明資料を作成してほしい」と依頼されたとします。
すぐに次のような作業に分解することが必要です。

・説明する対象、時間などの制約事項の確認
・説明する資料の枠組みの作成
・資料の中身の情報収集

さらには情報収集の中身を次のように分解します。

・クラウド会計システム導入のねらい、背景
・当該会計システムの概要

・当該会計システム導入前と導入後の業務フローの比較
・周囲への依頼事項

これはあくまで例ですが、業務を依頼された後に、この程度の分解が行えると、作業の全体イメージを持つことができて素早い行動に移しやすくなります。

また、こうした分解をすることの利点は、作業を「自分で行えること」と「他の人に確認すること」「他の人に依頼すること」に仕分けることができる、という点です。それにより、素早く他者への確認や依頼する行動に移すことができます。

次に、「ベビーステップ」について解説します。

ベビーステップとはその名のとおり、「赤ちゃんでも上れるような取り掛かりやすい階段」という意味で、取り掛かることが容易でイメージがしやすいタスクを意味します。

みなさんもなかなか取り掛かれない仕事と対峙した経験があるのではないでしょうか？「取り掛からないといけない」と思いつつも後回しになってしまう仕事に共通

するのは、その対象を分解できていない、またはベビーステップの反対のハードステップを対象にしてしまっている時です。もちろん、最終的に難しいタスクとしてのハードステップに取り掛かる必要もあるのですが、どうにか工夫して、対象の仕事を分解し、すぐに取り掛かりやすいタスクを見つけてみることで、取り掛かることができ、物事が動き始めます。

例えば、上司を説得しなければならないテーマがあったとして、なかなかそれに取り掛かれていないとした場合、「説得する」というプロセスを分解してみると、次のように分けることができるかもしれません。

上司の考えを知る → 上司が重視するポイントを把握する → そのポイントに応えることができる情報を用意する

このように分解することで、まずは上司をいきなり説得するのではなく、考えを知るための時間を持つことにトライしてみることができます。いきなり「説得する」と考えるとハードステップですが、「考えを知ることから始める」と考えると取り掛かりやすいのではないでしょうか。このように動きをつくり出すことで、変化が生まれ、もしかすると上司のほうから歩み寄ってくれるようなこともあるかもしれません。

このように、とにかく初動を早くして動きをつくることが大切です。そして場に変化が生まれ、新たな経験を獲得でき、さらなる仮説の構築につながっていくのです。

起業成功者に共通するのは、何度も失敗していること

HRインスティテュートではコンサルティングやワークアウト、研修のほかにスタートアップ企業への出資を始めました。数々の起業家にお会いしますが、果敢にチャレンジしている姿に感銘を受けることが多々あります。

戦後の日本、企業の歴史を辿ると、焼け野原から想いを持った起業家が現れ、今の経済の礎を構築してきたことがわかります。そこに共通しているのは幾度も行動し、検証を重ねてきた経験を持っていることです。

京セラの稲盛和夫氏がまだ名もないころ、松下電器を興して成功させた松下幸之助氏が講話をする勉強会に参加した際に、他の受講者が「あなたのように成功するには

どうすればいいのか？」と質問をしました。すると松下氏は「成功するまで続けることですなぁ」と回答したといいます。その回答に質問をした受講者も、また他の受講者の多くも拍子抜けした様子だったそうですが、稲盛氏はこの松下氏の回答がとても心に響き、その後もよく覚えていて何度も振り返るにいたったそうです。

成功するまで続けること、というのは何度失敗しても、それを振り返り、その経験を糧にして、繰り返し挑戦することを意味します。

前述しているように、ワークアウトは砂場としての機能も果たします。砂場は何度も失敗できる環境であることを表しています。実際の業務では、頭ではわかっていても実際には失敗しにくい、といったことがありますが、ワークアウトは実践と育成を掛け合わせる場ですので、どんどん失敗することも奨励します。大切なのはその失敗から何を学ぶか、次にどう活かすか、というリフレクションを行うことです。しかしながら、失敗をするには挑戦することが必要です。一番のリスクは何もしないこと。何もしなければ経験を獲得することも、内省することも、改善した行動をすることもできません。

2014年頃にイーロン・マスク氏が提唱したことでスタートしたハイパー・ルー

プ構想。ハイパー・ループとは、カリフォルニアの渋滞問題を解消する一つの方法として地中に車が通れるパイプを埋めて、そこを時速200キロで駆け抜けることができるようにしようというものであり、600億円超の資金調達に成功し、挑戦が続けられてきましたが、計画は頓挫することになりました。しかしながら、こうした挑戦によって得られた経験は必ず何かにつながっていくでしょう。

失敗を恐れないように小さく始めることがポイント

では組織的に失敗を受け入れ、挑戦を繰り返していくためにはどのような工夫や試みが必要でしょうか。それには何事も小さく始める、が基本となります。

コカ・コーラ社が初めて取り組んだ酒類である「檸檬堂」は大ヒット商品となりましたが、いきなり大々的に計画され、成功を収めたのではありません。緻密にテストマーケティングを繰り返し、結果として大きなブランドへと成長していったのです。こうしたプロセスの設計こそが、挑戦しやすい組織、ひいては失敗を恐れずチャレンジする社員の育成において重要な意味をもっていきます。

小さく始めるために必要なことは次の４つです。

・目的
・範囲
・判断基準
・仮説検証サイクル

まず、取り組みそのものの「目的」を設定します。目的は大胆に設定することが大切です。そのチャレンジ自体は小さな取り組みかもしれませんが、その先に広がるビジョンや達成したい夢は果てしなく広がっていて問題ありません。むしろ想いをふんだんに織り込むことで、その小さな取り組みに大きな意味をもたせることができます。

次に「範囲」を明確にします。これはその取り組みの対象範囲であり、時間軸です。範囲を決める際は「やらないこと」を明確にする必要があります。例えば、SNSはやるけれど、テレビCMはやらない、などです。このように取り組みや活動の範囲を事前に明確にしておくことで、効率的に取り組むことができるようになりますし、機会を提供するスポンサー側としても安心して任せることが可能になります。

そして「判断基準」を明確にしておくことも大切です。判断基準の中で、最も重要なのはＥｘｉｔ基準です。その取り組みの成果がいついつまでにこの水準に達していたらそのまま継続だが、達していなかったら中止する（またはやり方を大きく見直す）といった基準です。人間は一度始めたらなかなかやめられないものです。特に、そこに一生懸命に熱意を持って取り組んでいる人がいればなおさら、です。したがって取り組む前の段階でこうした基準を明確にしておくことが、その後の判断において役に立ちます。

そして4つ目が「仮説検証サイクル」です。プロジェクトを推進する中で、具体的な行動とそれに伴う変化や結果が少しずつもたらされますが、その中身を確認し、検証し、次の行動につなげるための検証機会を設置しておきます。その検証機会は30分でも構いませんが、できるだけ頻度高く、定期的に行うことが必要です。経験に基づくイメージとしては1、2週間に一度の設定が効果的と考えます。

このように、4つの点を事前に設定し、忠実に運用することで当初、小さな取り組みだったことが次第に大きく変貌を遂げていきます。その過程で関わった人が育成され、成功体験を積み（または失敗経験から学び）、次のチャレンジへとつながっていきます。

ロードマップを置いて次の次の次、まで考える

小さな取り組みを先に示したポイントを踏まえて実践していく際に、あると効果的なのが「ロードマップ」です。

「ロードマップ」とは、ある程度アバウトに設定された計画を意味します。緻密にスケジュールに落とし込まれた計画表とは異なり、意図的に大雑把に設定された進展のイメージです。

ロードマップには次の３つの要素を入れ込むことが必要です。

・取り組みの目的
・最終的に到達したいゴール
・いつまでに、どの段階に到達していたいかという進展イメージ

また、一の矢、二の矢、三の矢、そして目標に到達する、というように、最終的なゴールまでを3つのステップに分けて示すことが多く、さらに、行動をするうえで、関わる人が次のことがよくわかるようにイメージを示します。

「まず、何をやるのか」
「次に、何をやるのか」
「そうしたら、どうなるのか」

これがわかって行動することと、イメージが見えないまま行動することの差は大きく、まさに主体性の発揮度合につながっていきます。先に何があるかがわかると人は主体的に考え、行動し始めますが、先に何が待っているかをイメージできないと警戒心が芽生え、行動も停滞しがちで、目の前のことだけに集中してしまいます。

ワークアウトでもこのロードマップを作成することを推奨しています。そしてロードマップに沿って、まずやることを具体化し、小さなステップとして歩み始めます。最初の一歩は小さいかもしれませんが、ロードマップを見て取り組むことで、壮大な

図25　ロードマップとは（例）

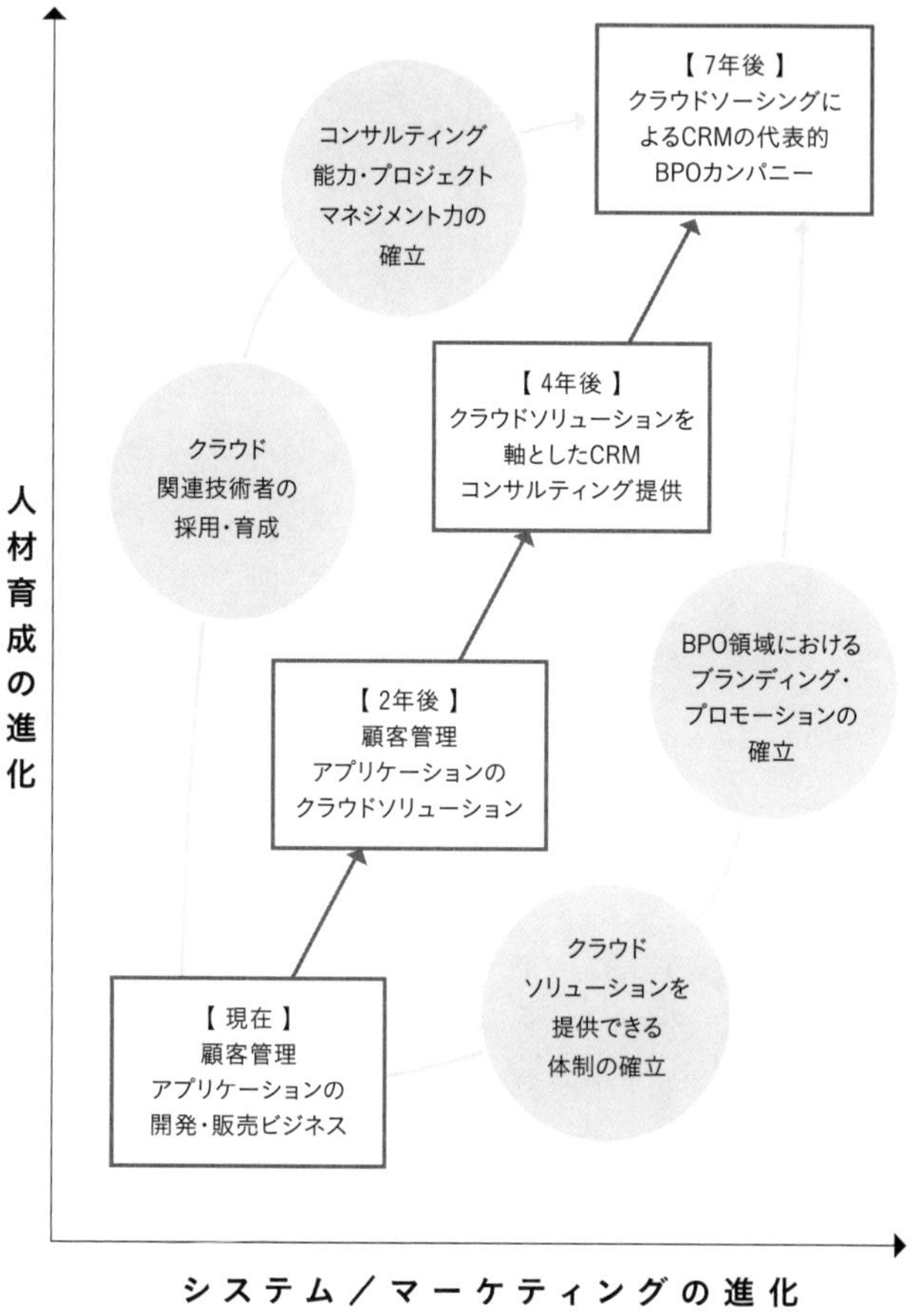
【 7年後 】
クラウドソーシングによるCRMの代表的BPOカンパニー
コンサルティング能力・プロジェクトマネジメント力の確立
【 4年後 】
クラウドソリューションを軸としたCRMコンサルティング提供
クラウド関連技術者の採用・育成
BPO領域におけるブランディング・プロモーションの確立
【 2年後 】
顧客管理アプリケーションのクラウドソリューション
【 現在 】
顧客管理アプリケーションの開発・販売ビジネス
クラウドソリューションを提供できる体制の確立
人材育成の進化
システム／マーケティングの進化

目標への歩みを始めたことの実感が高まり、モチベーションも上がります。

行動のバロメーターを用意しておく

行動を継続していくうえで、仮説検証の機会を設定しておくことと、ロードマップを置くことの重要性は解説しました。では、例えば30分のミーティングで効果的に行動を振り返り、次の仮説を立案し、行動を設定するうえで、どのようなことを意識すればいいでしょうか。

それが行動のバロメーターの設定です。行動のバロメーターとは具体的にはＫＰＩのことを指します。

ＫＰＩ（Key Performance Indicator）とは、目標であるゴールから逆算して導かれた行動指標や成果指標であり、活動の進捗状況をその指標を見るだけで確認できるものです。

ＫＰＩの設定において基準となるのは次の3点です。

・目標から逆算され、論理的に導かれている指標であること

・客観性があり、確認しやすい指標であること
・日々、変化が伴う指標であること

目標から逆算されていなければ、せっかくの行動と仮説検証が台無しになってしまいます。また、客観性に乏しく確認がままならない指標を用いてしまうと、行動の振り返りができません。さらに日々、変化が生じる指標でなければ仮説検証の振り返りを行うことができません。

こうしたポイントを意識してＫＰＩを設定しますが、具体的にどのような指標があるでしょうか。例を挙げてみると、

・売上目標達成率
営業チームが設定された売上目標をどれだけ達成しているかを示す指標
・新規顧客獲得数
ある期間内に獲得した新規顧客の数。ビジネスの拡大に寄与する指標
・既存顧客の売上拡大

既存顧客からの追加購買等を促進することで顧客単価を向上させる指標

・商談成約率

提案や商談から実際の契約や購買に至るまでの割合。営業の効果を測る指標

・顧客維持率

ある期間内に既存の顧客を維持できた割合。顧客ロイヤルティやサービス品質の指標

これらは営業活動における主要なＫＰＩであり、一部でしかありませんが、このように行動で積み重ねた数や、その行動の質を表す指標を置き、常にバロメーターとして活用していくことが求められます。

協力者を増やすことで行動のハードルが下がっていく

行動し、継続するうえで大事な要素があります。それが「協力者」です。協力者を増やすことで心理的な安全性が高まり、物理的なリソース確保にもつながります。

今では一般服市場でも魅力的な商品ラインナップ、ブランドイメージを展開する

ワークマンがこの観点で好事例と言えます。

ワークマンは作業服市場では圧倒的なデザイン力、技術力、そしてブランドイメージを形成していましたが、一般服市場においてはこうしたリソースを持ち合わせていませんでした。そこで参入を決定した後に取り組みとして確立したのが、インスタグラマーに協力をしてもらいながら進める商品開発とマーケティングでした。

当初、SNSが徐々に広がりつつある中で、まだSNSを活用したマーケティングに企業が半信半疑だったころに、ワークマンは小さな取り組みとして、インスタグラマーとの協業をスタートさせました。それは自社で保有していない一般服市場におけるデザインやマーケティング、店頭販売の知見を、それらに精通している個人事業主であるインスタグラマーに補ってもらう、というものでした。

特筆すべきはこうした協力においては金銭的報酬は発生しておらず、協力するインスタグラマーはその協力の様子を自身のSNSサイトで公開してもいい、という条件が与えられたことでした。結果的に、ワークマンにとっては無償で協力を得ることができ、かつ、SNSを活用したマーケティングによってワークマンが一般服市場への取り組みを開始し、あらゆるデザインや機能を搭載した商品を開発していることを世に広めることができました。協力したインスタグラマーにとっても、ワークマンに関心が集まれば集まるほど自身のSNSへの登録者が増え、セルフブランディングとしての効果が得られる、という両者にとって魅力的な循環となっていきました。

ちなみに、一人目のアンバサダーとなったインスタグラマー「サリーさん」は、その後、社外取締役に就任することになりましたが、アンバサダーとなる経緯について公式サイトに次のように紹介されています。

「『サリーさん』は家族で毎週キャンプに行くほどの根っからのアウトドア派で、2017年にはキャンプブログ『ちょっとキャンプ行ってくる。』を開設。以来2381万ページビューの閲覧数を記録しています。現在YouTubeでは登録者が4・3万人いて、ワークマンに関する動画の総再生回数は311本で1356万回という記録的な数字を残しています。

2018年にサリーさんはワークマン店舗を訪れて以来、当社製品の『熱い』ファン（社員以上にワークマン愛が強い）になりました。ワークマン製品の『あるべき姿や機能』に対し強い思いが生まれました。初めて買った火花に強い溶接工用の『綿かぶりヤッケ』は火の粉に強くバーベキューや焚火用のアウトドアウェアとして最適なことを自身のブログで発信しました。結果として、綿かぶりヤッケは即完売しました。

これを当社広報部が知ってワークマンのアンバサダー第1号に就任してもらいました。商品開発部門はサリーさんの思いを全て受け入れて、プロ機能優先で味気のない『綿かぶりヤッケ』を女性も着られるカワいい『コットンキャンパー』に大変身させました。綿かぶりヤッケは年間販売3000着の特殊用途製品でしたが、コットンキャンパーは40万着を超えるメジャー製品になりました。また、『サリーパーカー』などの自身の名前を付けたヒット製品も生んでいます」

何かを行動する際にためらいが生じやすい理由の一つに「時間がない」「知見が不足している」「人がいない」……といったことが挙げられますが、発想を広げることでそうしたリソース不足は解消できることがあります。社内はもちろん、社外に協力者を求めることが真っ先に検討すべきことと言えますが、大切なのは一時的ではなく、継続的に、両者にとってプラスと思える機会を設定することです。

事業の成功を振り返ると、必ずそこには協力者の存在があります。そしてその協力者とはお互いの想いを一致させ、程よく両者にとってＷＩＮ－ＷＩＮの関係性が形成されていることが大半です。むしろどちらかにいきなり大成功が訪れてしまうと、取り組みが中断してしまうこともあります。継続的に関わり合える関係を構築するというバランス感覚も、協力を続けるうえで大切な視点と言えます。

行動が生まれない時＝悩んでいる時と割り切って、切り替える

行動がなかなか見えないチームや個人と向き合うと、「色々と事情があって実行に移せない」という回答が返ってくることがあります。もちろん、多忙な中で行動しなければならないのでその事情も理解できるのですが、多くの場合、「行動が止まっている時」＝「行動のイメージが持てずに悩んでしまっている時」だと言えます。

そして、「悩んでいる状態」は「仮説が描けなくなっている状態」です。「こうしたらうまくいくかも」という仮説を持っていると自然と行動が生まれますが、こうしたイメージが持てないと人は行動を止めてしまいがちです。したがって、行動を促すためには悩んでいる状態を自覚し、何らかの仮説を描くために動く必要があります。

具体的にどのようなアクションが必要かと言うと、解釈の話と同様、とにかく「聴く」ことです。自分や自チームで仮説を描くことができないのであれば、他者に仮説につながるヒントをヒアリングする、場合によっては仮説そのものを聴く。そうした割り切りが行動を生み出します。

行動力のある人はあまり悩みません。悩んだとしてもすぐに切り替えるための行動を起こします。つまり、成果につながる行動を止めてしまったとしても、悩んでいる状態から脱却するための行動を起こしているのです。

チームも同様です。チーム単位で相談することで仮説を描くことができ、行動につながります。チームリーダーの大事な役割はこうした状況を素早く察知し、外部とコネクトし、仮説を描く動きを速やかにとることです。チームリーダーがこうした動きをとれない場合、チームは悩みを抱え、行動を停滞させる状態から一向に抜け出せなくなってしまいます。

行動するためにはイメージを持つこと。ポジティブなイメージを持つことができればポジティブな行動が生まれます。

ポジティブな行動は、アウトプットを重視するワークアウトに欠かせません。そしてそのアウトプットは多くの場合、「必要ではあるものの手がつけられていない領域」に関するテーマであることが多いです。

つまり、ワークアウトでアウトプットすることは、組織に行動をもたらすきっかけを提供することになります。このことに意思決定者であるスポンサーと参加者の双方がコミットして本気で取り組むことにより、ワークアウトそのものの価値が高まります。

第3章

ワークアウトの導入プロセス

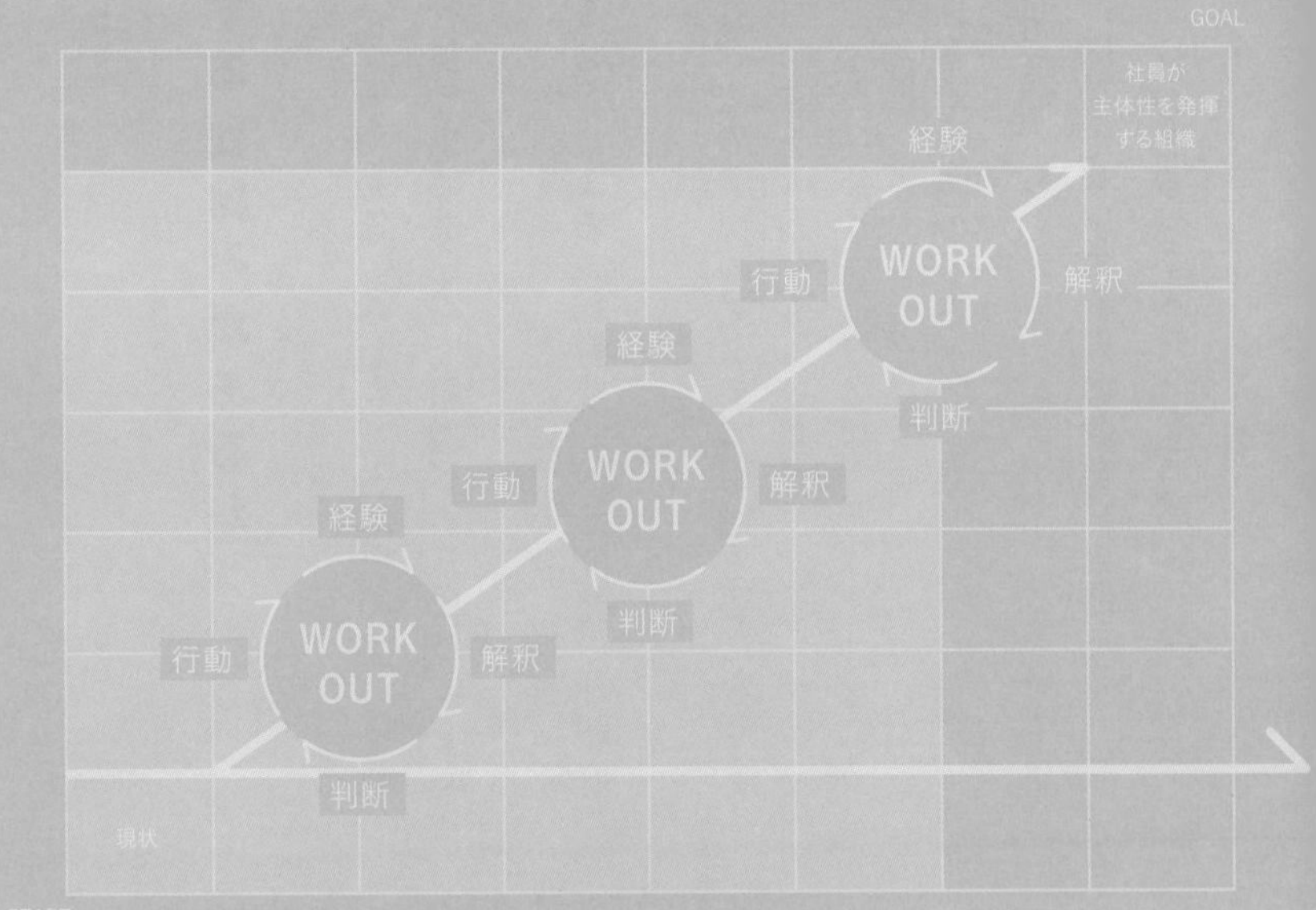

あなたの会社に社員を育成する仕組みがあるか

ここまでワークアウトに欠かせないコンセプトである「らしさ」と「質のよい経験学習サイクル」を軸に、人材育成、および社員の主体性を培う組織づくりについてお話ししてきました。

本章では、改めてワークアウトを導入することによる人材育成、組織開発の仕組みづくりについて触れていきたいと思います。

主体性を培う組織づくりを進めるためには、次の7つのアクションが重要になります。

1　目指している事業の方向性／会社のあり方を言語化する
2　会社として大切にする「らしさ」を言語化する
3　事業と会社の目指すあり方を「らしさ」に沿って実現する人材像を言語化する
4　各階層、職種に人材像をあてはめ、それぞれのあるべき人材像を言語化する

5　それぞれの人材像に必要なスキル、経験、マインドを言語化する

6　質のよい経験学習サイクルを自社流でまわすために自社らしい表現で言語化する

7　経営陣、管理職が率先して「らしさ」、経験学習サイクルを実行する

いきなり人材を育てるプランを立てる、研修計画を立てるのではなく、まずは会社として目指している事業の方向性、実現したい事業のコンセプトや、その事業を実現している時の会社のあり方を具体的にイメージすることが大切です。これが会社としての「らしさ」を明確にすることにつながります。

「らしさ」は「成長の原動力」です。他社との違いを生み出し、競争優位性の発揮につながり、また社員がその会社に留まる大切な理由の一つとなります。

しかしながら、この事業の方向性や「らしい会社のあり方」を考える段階で多くの企業がつまずいてしまいます。

それらの企業は、そもそも「次なる事業のイメージを持つことができない状況」に陥っています。ここでの事業のイメージは、新規事業のレベルではなく、会社をどのような社会における器として成り立たせていくか、というサイズ感を意味します。経

営者や次世代リーダー候補の人材がこうした経営ビジョンを持つことができなければ、そもそもどんな組織をつくっていくのか、人材を育成していくのかが定まらず、ただ既定路線の育成や一般的に求められているスキルや知識をインプットするだけの仕組みになり、公約数的な人材を育成してしまいます。それでは「らしさ」が育まれず、自社の経営にコミットする人材は育ちません。まずは人材の育成を考える前に、事業そのものを見つめる、考える、具体化する、そして言語化することが大切です。

事業の方向性が見えたら、先に紹介した7つのアクションのうち、2、3で会社が大切にする「らしさ」としてのバリューを改めて振り返ります。そのうえで、事業×バリューを実現する人材像のあるべき姿を言語化していきます。

ここで注意すべきは、いくら事業の方向性にスキルや能力がマッチしていても、バリューを体現していない人材を採用したり、育成したりしても「組織の力」は高まらないということです。そういった人材は外部に求めればよいのです。コンサルタントや、BPO会社のほうが事業の方向性を理解し、論理的かつ冷静にプランを練って、フィードバックをくれる場合もあります。

次に、4、5で各階層や職種ごとに人材像をあてはめていきます。この際、先に定

図26　事業×バリューを両立する人材割合を増やす

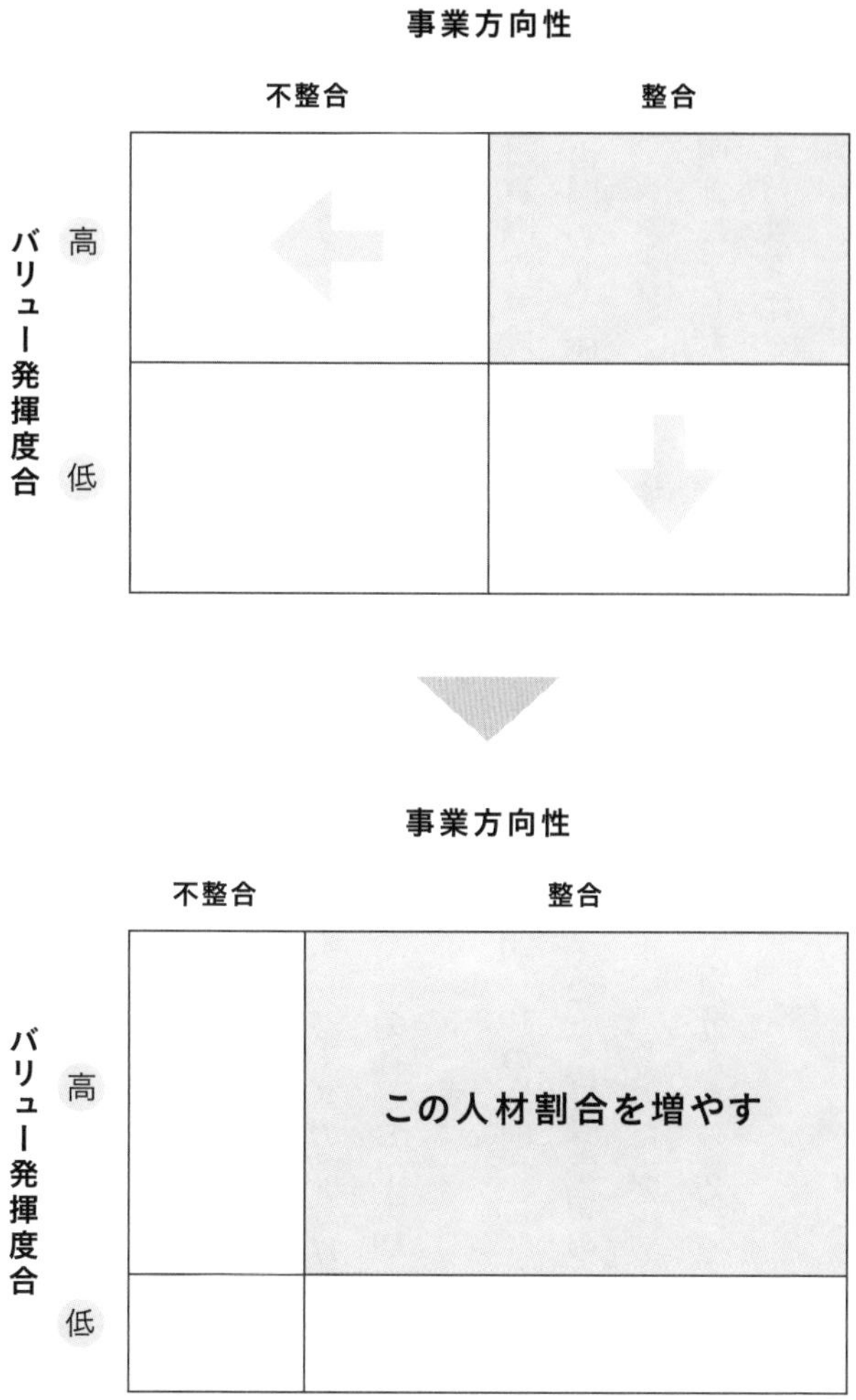

義した事業の方向性やバリューと切り離して定義がなされないように注意を払わなくてはなりません。この人材像の定義、必要なスキルや知識の定義というのは難しい作業で、人材に関わる一定程度の知識を必要とします。したがって、外部のコンサルティング会社などに委託をすることもある領域ですが、「らしさ」を踏まえないで委託をしてしまうと、どこにでもありそうな階層別、職種別の求められる人材像ができあがって終わり、ということになりかねません。もちろん、ベースの部分は一致していて然るべきですが、そこに先に定義した事業の方向性や、会社として大切にするバリューに基づく解釈がどの程度入れ込まれているかがポイントです。

そして、実際の育成においては先に解説をした「70：20：10の法則」に従って、業務と周囲の関わり、研修のバランスや役割を意識したうえで、経験学習のサイクル（経験→解釈→判断→行動）をまわすことを習慣化させていきます。そのためにもまずはサイクルを明確に示したうえで、経営陣がそれにあてはめて自分たちの姿勢を示す必要があります。以下はその一例です。

経験：経営陣自ら、事業の向かうべき方向性に従って、新たな経験獲得に挑む

解釈：その経験を通じて得られた感想、学び、考察を社員にわかりやすく示す
判断：経営陣自らが判断を示す際に、経験・解釈との結びつきを解説する
行動：すぐに実践する。実践して得られた経験を共有し、サイクルを継続してまわす

ＨＲインスティテュートの事例で言えば、「主体性を挽き出す」と社員が実践すべき「ＨＲＩウェイ」をバリューにしつつ、「新たな経験獲得のパートナー」として事業を進化、拡大することをビジョンとして提示しています。

それに沿って、経営者である私自らが率先して行動することが求められますが、この1年を振り返って新たな経験獲得として、スタートアップ企業への出資をはじめ、これまでお会いしていなかった起業家のみなさんや、出資・支援に関わっているベンチャーキャピタリスト、事業会社との接点を増やしました。そしてこうした経験から得られる学びをメンバーにメールや会議で都度伝えるようにしています。また、事業上の判断においても、常に掲げている「ＨＲＩウェイ」に基づく解釈を示したうえで判断をしています。

まだまだ十分ではありませんが、常にバリューとサイクルを組織のリーダー自身が

率先し、その都度、解釈や判断、その根拠を言葉にして伝えることを心がけています。

仕組み化に、言語化が欠かせない

先の7つのアクションのうち、6つが「言語化する」というものでした。社内の人材が育成されていく仕組みを構築していくうえで「言語化」は欠かせないのです。

会社や事業を運営する際につくづく感じるのが、いくら考えて、行動していても、

「言葉にしないと伝わらない、広まらない、定着しない」

ということです。優秀な人ほど、周囲の考えを受けとめ、自分の頭で考えて、効果的に行動することができますが、そういう人ほど、意外に「言語化」のスキルが不足しています。「言葉にしないでもわかるだろう」と淡い期待を持っていたり、そもそも「いくら言葉にしても伝わらないだろう」とあきらめていたりします。これが育成の仕組みをつくっていくうえでボトルネックになるのです。

例を挙げると、人材育成がうまく、長年人材輩出会社として知られているリクルートは本当に言語化にこだわる会社です。

近年は働き方改革やテレワークが浸透したので、環境は変わっていると思いますが、過去にオフィスに訪問した際に、壁一面にあらゆる言葉が「言語化」されて張り出されている光景を幾度も目の当たりにしました。

また、リクルートが大切にしている「自ら機会を創り出し、機会によって自らを変えよ」という理念は、リクルートと関わりのない人でも知っているほど広く普及しています。

本書で何度も登場したトヨタ自動車も「言語化」にこだわる会社です。大切な文化の中に「口伝（くでん）」というものがあります。1人が何かを学んだなら、それを2人以上に口頭でしっかりと伝えなさい、というコミュニケーションの習慣です。そうすることで、1人が2人に、2人が4人に……というように乗数で学ぶ人の数が増えていきます。これも一種の「言語化」であり、それによって人を育成する文化や習慣が定着していきます。

組織開発や人材育成に長年携わっている立場からすれば、「言語化」は組織文化や育成の仕組みをつくっていくうえでとても重要な要素です。そのため、積極的に言語化する人材の割合を増やしていくことが組織には求められます。

組織は言語化にこだわっている社員をしっかりと評価すべきです。一方で、どんなに成果をあげているとしても、普段のコミュニケーションによる発信が乏しく、ノウハウや考えを表に出さない社員を手放しで評価することは避けたほうがいいでしょう。単純な成果だけが評価される状況をつくってしまえば、社員一人ひとりが「個別最適」な状態を追い求め、結果的にノウハウが循環せず「全体最適」が損なわれるためです。

言語化に積極的な人は、育成の本質がわかっている人です。逆に言語化に無関心な人はその本質がわかってない、見えてないと言っても過言ではないでしょう。何かを学ぶという場面において、今は以前より文字や言葉に頼る世の中になっています。もちろん言語に留まらず、動画を観たり、実際に体感する場を設計することはこれからの時代、さらに必要なことかもしれませんが、その際も「言語化」が土台になっていることに変わりはありません。

図 27　評価すべき人材のマトリックス

言語化度合 ＼ 成果創出度合	小	大
高	**コンセプト化人材** 他者の成果を言語化することで流通する役割を担う人材	**全体最適化人材** 成果を創出するだけでなく言語化することで組織の成長に貢献する人材
小	**非協力的人材** 成果が小さいだけでなく言語化割合が低いため、組織に非協力的とみなされてしまう人材	**個別最適化人材** 成果は出すものの、言語化を行わないため、成果を生み出す仕組みの構築に貢献しない人材

全体最適化人材の割合を増やす

ワークアウト導入の流れ

ここからはワークアウト導入の流れについてお伝えします。
私たち、HRインスティテュートが実施しているワークアウトのこだわりは、以下の3点です。

・組織の持つ「らしさ」を踏まえ、重視する
・質のよい経験学習サイクルで経験獲得～解釈力アップ～判断力向上～行動促進を実現
・結果として、事業×育成を掛け合わせた取り組み

導入までのステップとしては、以下のような段階を踏むことをおすすめします。

導入ステップ1：目指すべき事業の方向性、ありたい姿、大切にしているバリューの理解
導入ステップ2：育成対象人材の現状把握と、ワークアウト後の成長イメージすり合わせ

図28　ワークアウト導入のステップ

導入ステップ1：目指すべき事業の方向性、ありたい姿、大切にしているバリューの理解

▼

導入ステップ2：育成対象人材の現状把握と、ワークアウト後の成長イメージすり合わせ

▼

導入ステップ3：ワークアウトのテーマ設定とゴールイメージのすり合わせ

▼

導入ステップ4：ワークアウトのプログラム詳細設計（日数、内容、課題など）

導入ステップ3：ワークアウトのテーマ設定とゴールイメージのすり合わせ
導入ステップ4：ワークアウトのプログラム詳細設計（日数、内容、課題など）

まず大事にしたいのが、導入ステップ1の目指す姿の理解であり、すり合わせです。ワークアウトの位置付けはあくまで「手段」です。また、先述したように会社としてのありたい姿が存在したうえでの人材育成、という捉え方が大切になります。それによって会社の「らしさ」が人材に伝わり、競争優位性の根幹となるからです。

次に導入ステップ2で「育成対象者が

誰なのか」を明らかにします。「育成対象の前にテーマが先では？」と思われるかもしれません。実際、テーマが先行して決定されている中で育成対象を決めることも頻繁にあります。したがって、こちらはどちらが先でなければならないということはなく、ワークアウトの目的が、人材育成と課題解決のどちらに比重を置いているかによって変わってきます。

仮に「人材育成」に重きがある場合は、まずやるべきは育成対象の決定です。人事部が主導で企画をする際はこちらが大半となります。選抜して育成したい人材がいて、その人たちを集めることが優先されるからです。

一方で、「課題解決」に重きが置かれる場合はテーマが先行します。「この課題を解決したい」→「そのためにどんな人材に参加してもらうか」という思考の流れになります。

ここでは「人材育成」を軸にテーマを設定した場合の流れを解説していきます。

育成したい対象人材が決まったら、その人材の現状を把握します。現職での役割、期待値、これまでの職歴や保有スキル、能力的な長所、課題点、本人のキャリアイメージなどを具体的に把握します。また、経験年数、部署、新卒・中途割合、職歴な

図29　やってできないことはない

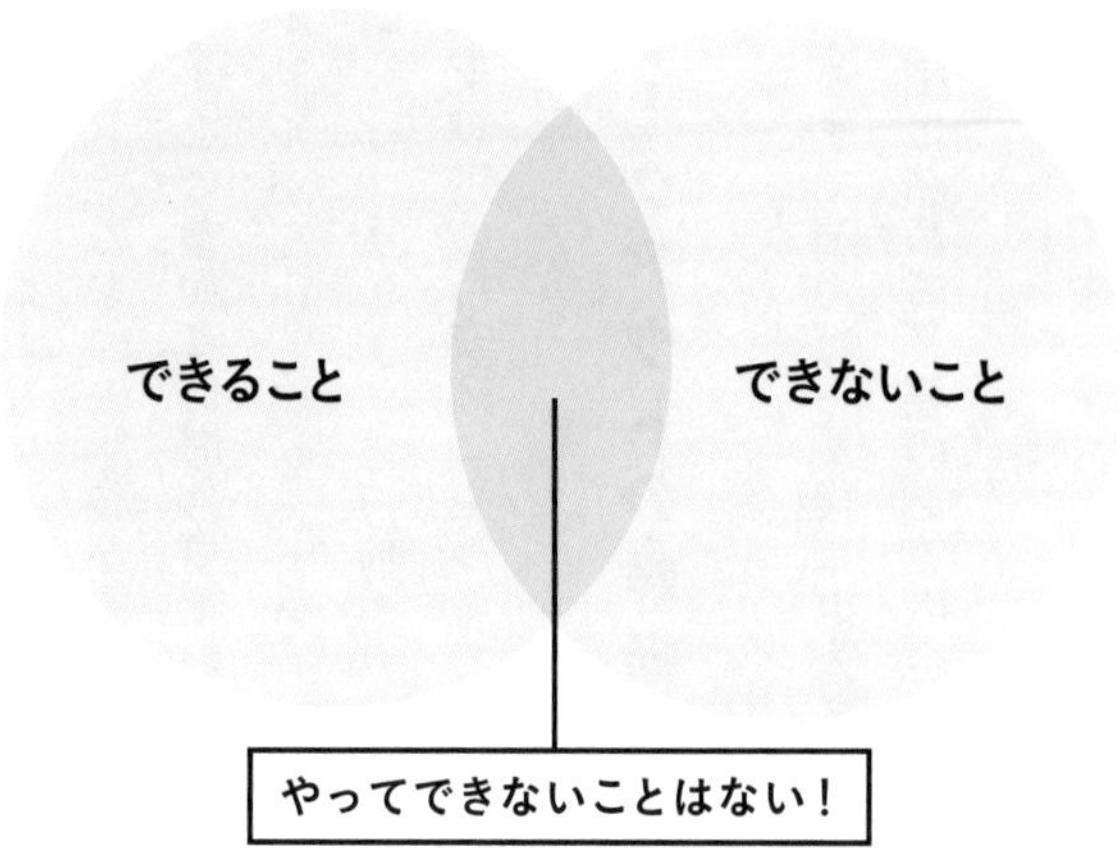

ど、参加者のばらつきも把握しておきましょう。そのうえで、「どのような場をつくることが効果的か」を考えながらイメージを膨らませていくことになります。

その後、導入ステップ3の「ワークアウトのテーマ設定」を行います。本章でも解説をしているようにテーマは多岐にわたりますが、設定する目安としては次のような観点を大事にすることをおすすめします。

・育成対象とテーマのレベルがマッチしているか(難しすぎないか、易しすぎないか)
・会社の目指す方向や現状を踏まえた時に、本当に必要としているテーマか特に一つ目のレベル設定は重要です。実際にテーマとして設定してみたものの難しすぎて取り掛かれない、具体的なイメージが持てないといったことが起こると、ワークアウトそのものの意義が薄れてしまうからです。例えば、国内事業にしか従事したことがない参加者に海外事業の戦略を練るというテーマを与えてしまうと、なかなかハードルが高いと思われるでしょう。一方で、テーマが近すぎる、イメージしやすい場合は、易しすぎて行動や思考のストレッチが起こらないため不向きと言えます。テーマ設定の目安は「やってできないことはない」レベルです（図29）。

ワークアウトの詳細設計

ここまで進んだら最後に導入ステップ4の詳細設計に移りましょう。

詳細に詰める必要のある内容は主に次のとおりです。

・全体の期間
・実施回数（期間中、どのくらいの間隔でセッションを実施するか、など）

・環境（対面か、オンラインか。対面の場合、場所はどこか、など）
・事前インプット（動画、書籍などを通じて何をインプットしてきてもらうか）
・事前アウトプット（個人単位で、事業環境分析を行う、など）
・アセスメント（本人の成長度合いを確かめるための各種診断）
・セッション内容（テーマに沿って、インプット、アウトプットする内容）
・テキストスライド、資料、演習シートの用意（プログラムでのツール）
・アウトプットイメージ（テーマに沿って、シナリオ作成の雛形を用意）
・中間課題（セッションごとの課題を設定）
・期間中のフォローの設定（面談、フィードバックなど）
・ゲスト講演（テーマに沿って有識者を招く、またはマインドセットのための講演など）
・スポンサー、事務局、オブザーバーの確認（参加者以外に誰が関わるか）
・サポーター（参加者をサポートすることができる人がそれぞれの部署にいるか）
・中間報告、最終報告の機会を設定
・ワークアウト後のアウトプットの取扱方針（導かれた内容を会社としてどう扱うか）
・ワークアウト後の参加者フォロー（継続的な育成につなげるためのフォロー施策）

テーマや実施のねらいによっては、これだけでは足りないケースがありますので、適時追加するようにしてください。

ここからは実際のワークアウトイメージをご紹介します。テーマが「経営（事業）戦略立案」である場合、対象範囲によって分析の対象は異なりますが、おおむね次のようなプログラムを進めていくことになります。

1　環境分析（社会、業界、市場、自社を取り巻く環境を分析する）
2　戦略策定（分析を踏まえ目標を明らかにし、そこに到達するシナリオを描く）
3　課題設定（戦略を具体的な計画に落とし込み、解決すべき課題を明らかにする）
4　組織けん引（組織を対象に具体的な動きを明らかにし、実行・検証を繰り返す）

1～4の大枠の中に、適切なセッションを組み込んでいくことになります。図30で示してるのはあくまで参考例であり、実際にはすべてを実施するわけではなく、必要なセッションを抜き出して実施していきます。

図30 ワークアウト 実施セッション イメージ

	No.	セッション例	内容
①環境分析	1	グローバル経済のトレンド	世の中の経済動向について学ぶ&自分で調べる、など
	2	社会的動向のトレンド	社会的な人の趣向の変化について学ぶ&身近な例を探す、など
	3	市場、産業、業界のトレンド	自社における、顧客や業界の変化について学ぶ、調べる、など
	4	イノベーション	新たな価値を生み出す仕組みや技術革新などを、動向や事例を通じて学ぶ、調べる、など
	5	自社の内部資源	自社内で扱える「人、モノ、金、情報」や、組織体制の再認識
	6	自社の沿革を辿る事業理解	自社事業が過去どの時代に、どう収益を上げたのか、何を価値として大事にしたか再認識
	7	環境分析手法(PEST／STEEPなど)	上記の考察を踏まえ、「政治・経済・社会技術」+「環境」から、自社の方向性を見出す
②戦略策定	8	経営戦略概論理解	ポーター、ランチェスター、ブルーオーシャン、等々様々な戦略論の理解
	9	ミッションの検討	自社(自組織)が今後世の中に提供できる価値や貢献について定める
	10	ビジョンの設定(定量／定性)	自社(自組織)が今後どんな状態を目指すのか定める
	11	行動規範 バリュー策定	自社(自組織) が今後大事にしたい行動や価値観を考える
	12	ビジネスモデル検討	今後自社が行うビジネスの特徴と、市場に何を提供すべきか
	13	ビジネスプランニング5ステップ	ビジネスモデルを具体的な実践に移すためのシナリオ作成
	14	収益モデル	優れた企業がどう儲けているか?儲かるとはどういうことか?何が必要か?を理解する
	15	アカウンティング&ファイナンス	儲けを考えるうえで必要な経営的数字に関して、管理会計と財務会計をつなげて理解する
	16	事業戦略(基本戦略)	今後自社(自組織)を導く大きな方向性、どの領域でどう収益化するか
	17	マーケティング(STP分析、4Pなど)	自社サービスが顧客から選ばれる価値と、それを生み出す仕掛け
	18	販売戦略、組織戦略など(個別戦略)	基本戦略を実現すべく、営業的な戦略や、組織体制の構築案
③課題設定	19	問題解決思考ベースとなる論理的思考	すべてのビジネスに求められる基本的思考スキル
	20	現状の問題点洗い出し	戦略を実行する際に障害となる、現状の問題点を洗い出す&調べる
	21	仮説検証方法	戦略を実行に移す際に重要となる、仮説と検証の思考法
	22	情報収集とリサーチの手法	実際に現場で起こっている出来事や、自社について情報を集める
	23	問題の特定	様々な問題を全体的に俯瞰して、その中で最も影響ある問題を特定する
	24	原因の分析	なぜその問題が発生するのかを「真因」を分析する
	25	課題設定と解決策立案	真因に対して改善するための方策を、オプションで出す
④組織牽引	26	リーダーシップ概論理解	リーダーシップの変遷とトレンドを理解する(トップダウン、サーバントやフォロワーシップ)
	27	リーダーシップのチェック	自らのリーダーシップの発揮度合いをセルフチェックしたレーダーチャートで自覚する
	28	リーダーシップコミュニケーション	傾聴によって信頼を生み、質問によって引き出し、相手を動かす伝え方を身に付ける
	29	プレゼンテーション(資料作成)	最終的なアウトプットを資料化するためのスキルを身に付ける
	30	プレゼンテーション(伝達発信力)	最終的なアウトプットを発表し、現場で発信するスキルを身に付ける
	31	組織運営マネジメント	実際に組織を動かす際のファシリテーションや、コーチングについて学ぶ
	32	マネジメントスキル	部下育成、ダイバシティ、アンコンシャス・バイアス、アンガーマネジメント

実施するセッションが決まったら、各セッションのツールや全体シナリオのアウトプットイメージを準備します。さらに、セッション前にインプットしておきたい知識の獲得や、アウトプットしてほしい分析などを事前課題として設定します。できるだけワークアウトのセッションでは一方的な講義を減らし、期間中に実践してきた行動や分析、立案された仮説をもとにディスカッションとフィードバック、さらなる仮説構築を行うようにします。

タイムスケジュールで全体像を把握する

この章のまとめとして、図で実際に企画されたワークアウトの全体像（簡略版）を紹介します。期間は4月～12月。選抜された次世代リーダー候補人材が2、3グループに分かれ、自社または自部門の戦略を立案し、最終的に経営トップへの報告を行います。

事前と期間中にインプットをしながら、コンサルタントによって示されたアウトプットイメージに沿って、分析～策定～検証を繰り返し、最終的なアウトプットをつくりあげます。活動は当日と課外に分かれ、当日では主にそれまでの活動内容と成果の共有と、コンサルタントからの問いに基づくディスカッションとフィードバックを行い、さらなるブラッシュアップの視点を得ます。

課外では実際に自分で手を動かし市場や競合を調査し、有識者へのインタビューなどを重ね、アウトプットをつくりあげていきます。また、途中にコンサルタントによる個別コーチングを行うことで、組織だけでなく、個としての自身の成長の振り返りを行うこともできます。

私たちコンサルタントは終始、事務局と連携をしながらミーティングを重ね、時に軌道修正をしたり、改善を加えたりしながら、個と組織の成長にコミットして運営をします。ここで紹介したものは一例にすぎません。対象者やテーマによって期間や内容を変更しながら、最終的なアウトプットはもちろん、対象者の育成、そして主体性を培う組織づくりにこだわって進めていきます。

9月	10月	11月	12月
第3回 1 Day	第4回 1 Day	第5回 1 Day	成果共有 0.5Day
■ リーダーシップ ■ 実行マネジメント ■ 収支等検討	■ 組織デザイン ■ 資料化 ■ 参加者間討議	(成果発表準備) ■ プレゼンテーション ■ 参加者間討議 ■ 内容の精緻化	
実行における課題設定	組織牽引	最終報告準備 最終検証	最終報告 意思決定
ロードマップ作成	アクション具体化	検証と資料化	
個別コーチング 30分/人@オンライン			個別コーチング 30分/人@オンライン
事務局MTG		事務局MTG	

図31 ワークアウトの全体像(参考)

対象:次世代リーダー候補人材
テーマ:自社(自部門)の経営戦略立案

		4〜5月	6月	7月	8月
		準備期間	アセスメントフィードバック	第1回 1Day	第2回 1Day
学習内容		*動画・書籍で以下をインプット ■ 論理的思考 ■ 課題解決力 ■ 戦略的思考 ■ リーダーシップ *アセスメント実施		■ マクロ環境トレンド ■ 市場環境分析 ■ 自社・競合分析 ■ 戦略ケーススタディ	■ 戦略策定 ■ ロードマップ ■ KGI・KPI
グループワーク	当日		アセスメント結果確認	環境分析	戦略策定
グループワーク	課外		個別コーチング 30分/人@オンライン	戦略仮説の立案 個別コーチング 30分/人@オンライン	ロードマップ作成
事務局		アセスメント	グループ組成		
事務局		事前インプットフォロー(動画・書籍など)		事務局MTG	

第4章

ワークアウトの事例

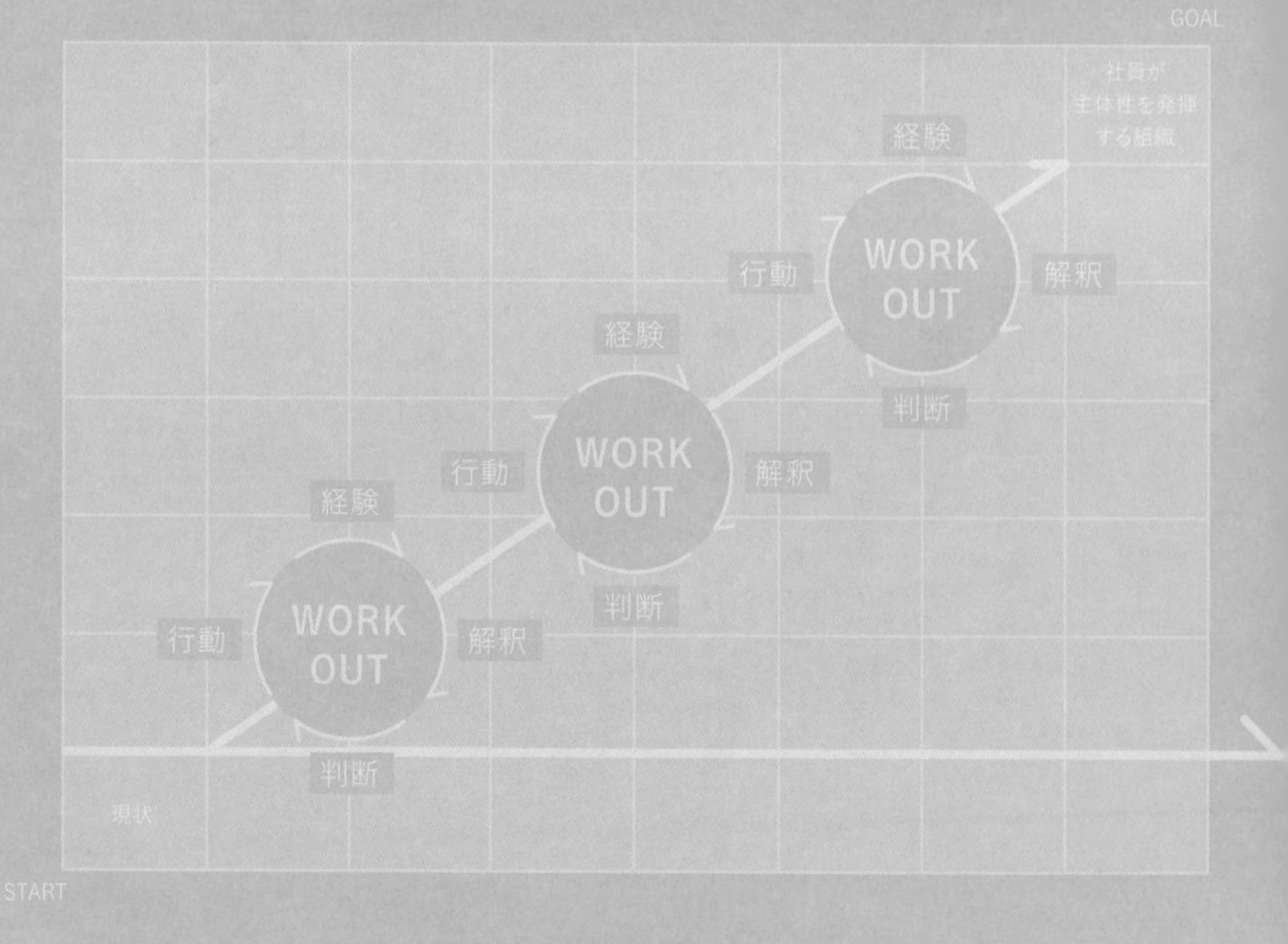

ワークアウト実例のご紹介　その1
～某大手電機メーカーによるワークアウト

ここからは、実際に行われたワークアウトの実例をご紹介します。

次世代を育てるワークアウト

次世代のリーダー、次世代の経営者を育てていくという目標のもとに、某大手電機メーカー（仮にここではA社とします）ではワークアウトを実践しています。具体的には、「顧客向け新規ビジネス提案」「新規事業立案」の2つのテーマがありますが、鍛え上げていく流れは、どのプログラムも基本的に同じステップで進んでいきます。

実例として、「顧客向け新規ビジネス提案」のプログラム内容を見てみましょう。

コンサルタント育成プログラム

本プログラムが導入された最大の理由は、ITベンダー＝ハードベンダーであった時代において、「ハードとソフト、ネットワークだけではなく、これからはサービスが重要になる」という認識が台頭したことでした。「顧客の課題を発見し、その課題の解決に貢献できるエンジニア」の育成が必要とされてきたのです。

このプログラムでは実際に担当しているクライアント向けの提案に際して、既存の業務の範囲を超えた「1段階上」「一歩先」を目指します。また、ワークアウトのコンセプトに従い、人材の育成だけではなく、現実に携わっている業務を推進させるためのアウトプットを生み出すことを目標としました。

各個人の中間発表は、担当コンサルタントとワークアウトに参加しているメンバー全員の前で行われます。一人ひとりの発表内容について、コンサルタントからフィードバックを得るだけでなく、全員で討議することによって、「一人1テーマ」の個人のワークアウトが、すべてのメンバーに共有されていきます。

そしてコンサルタントのアドバイスを受けながら、2日×6回にわたるプログラムを進めていき、最終日には上長への発表を行います。

真剣勝負、一騎討ちの場

上長にプレゼンをするまでのプログラムも、「定期的に実施される研修の一つ」といったゆるい雰囲気ではなく、真剣勝負の場となっています。HRインスティテュートのコンサルタントとのやりとりを「まさに一騎打ち」と表現した参加メンバーもいるほど、「顧客の業務改革をどうすべきか」「顧客にとって革新的な新規事業開発の可能性」といったテーマについて、徹底的に調べ、考え、討議していきます。

プレゼンを受ける上長は、厳しい質疑を行うことで、各個人の努力に報いることになります。

このプログラムは、平均11名のメンバーでこれまでに50回以上実施され、累計の参加者は500名を超えています。参加するのは30代から40代のリーダークラスで、ワークアウトのメンバーになるには上長の推薦を必要とします。

このプログラムを卒業した方は数年で上長クラスになっていくケースが多く、すでにワークアウトを経験している上長たちも部下をワークアウトに推薦することに積極的です。

A社というグループの規模からすれば、500名という数は決して多くはないかもしれません。しかし、このプログラムの目的は、卒業生の人数を増やすことではなく、参加メンバーが成長し、昇進し、次の参加メンバーを育て、代を重ねていくことで、「個」だけではなく「組織」を変える大きく力強い流れを創出していくことにあるのです。

「らしさ」を醸成する

プログラムの主眼は、いわば企業として競争優位性の原点となる「ウェイ」「文化」「らしさ」を形づくることであり、それを受け継いでいく新しい世代の育成にあります。同じ経験を持っている参加者間ではワークアウトで身に付けてきた「プロセス」「スキル」「マインド」などが、「共通言語」になっていきます。

プログラムに参加している同期同士の間で、参加メンバーと彼らの発表を受ける上長との間で、そして時には、現役の参加メンバーとはるか以前に卒業したメンバーとの間で、「プロセス」「スキル」「マインド」が「共通言語」として機能しているのです。

「会ったこともない経営トップ」と「現場に立つ新人リーダー」との間であっても、即座に相手の話している内容・意味を理解し合える――。これは、組織にとってかけがえのない価値となります。

こうした「らしさ」を育み、「らしさ」を発揮できる人材を育成していくには、プログラムの継続的な実施が必須となります。そのため、育成に関わるスポンサーは「ちょっとやそっとのことでは、プログラムをやめない」という強い意志を持つことが大切です。これはワークアウトに限らず、中長期での人材育成に主眼を置いたプログラムすべてに共通して言えることです。

プログラムに対するトップの強い意志が、一気通貫で現場まで伝わってくることによって、参加者の真剣さは高まっていきます。それによって、ワークアウトのサイクルはますますパワフルにまわるようになり、それが結果として、新規事業立案や組織開発につながっていくのです。

経営層と現場の交流

ワークアウトを継続することで結果的に社内の交流が活性化します。

事業部単体の場合を考えてみましょう。事業部Cには、部長クラスに1人、課長クラスに4人の卒業生がいるとします。また、課長クラスと一般社員には合わせて8人の現役ワークアウト参加者がいます。さらに、事業部の上部組織にいる経営層にも、複数の卒業生がいると仮定してみます。

部長クラス、現場の第一線にいる一般社員、その間に立つ課長クラスは、「プロセス」「スキル」「マインド」を共有しているので、何が課題となっているのか、どこをゴールとするべきなのか、理解をともにすることができます。事業部Cが立案した新規事業について、経営層はその意図するところがわかるので、フィードバックなども見当違いなものにはなりません。

これは、ワークアウトの経験者・参加者だけが実行可能な特別なことではありません。彼らを優れたモデルとすることで、事業部C全体に、経営層と現場の交流を行き渡らせることができます。

事業開発や人材開発のワークアウトプログラムの卒業生は、やがて「らしさ」を発揮するリーダーとして成長し、組織開発を実践していきます。新たな組織開発によって、これまで以上に事業開発・人材開発が行われ、さらに組織開発には磨きがかかっていきます。このサイクルが円滑にまわることで、競争優位性を生み出す「その企業らしさ」が創生され、定着し、発展していくのです。ワークアウトを継続することは人材育成を通じて組織そのものを強くしていきます。

図32　ワークアウト人材が文化を形成する

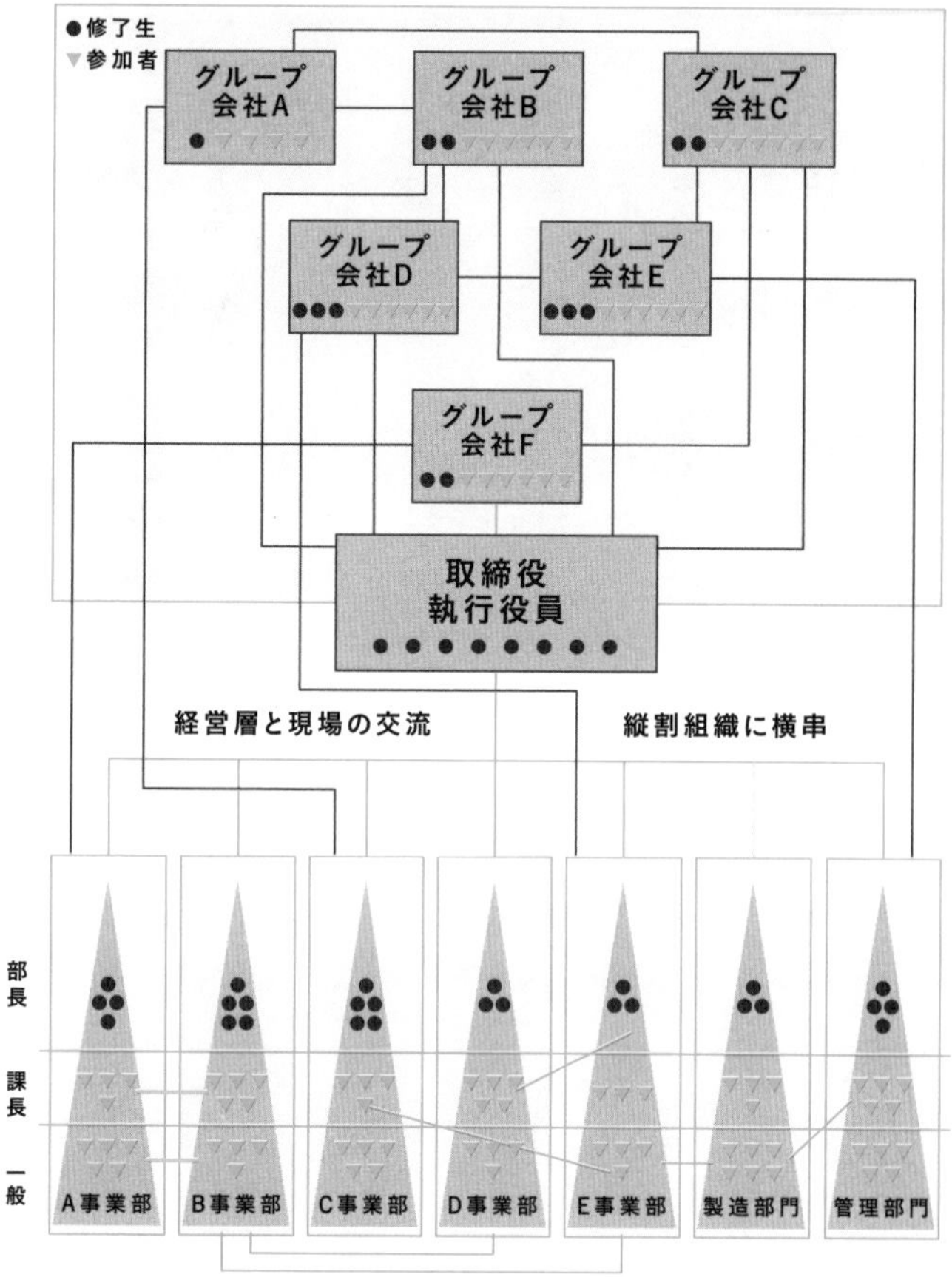

ワークアウト実例のご紹介　その2

～M&Aを重ねた会社におけるワークアウト

人材育成を通じて会社の文化を醸成する

こちらの会社（仮にB社とします）はM&Aで企業を買収したことをきっかけにワークアウトを導入しました。社員がほぼ倍増し、それぞれの企業文化が入り混じった状態で一体感の醸成が必要とされていました。

従来のような階層別教育だけでは不十分と考えた経営層からの掛け声をきっかけに、「人事部」「経営企画部」「営業企画部」の3部合同主催のようなスタイルでワークアウトが導入されました。それはB社全社をまたがって実施することに主眼を置いたプロジェクトであることは誰の目にも明らかでした。

ワークアウト一期生が会社をリードする雰囲気づくり

M&A直後のワークアウトに選抜された人材は約20名。それぞれの会社から20代〜30代の次世代リーダー候補人材が集結しました。顔を見交わせた参加者同士、打ち解けるのもあっという間で、合宿形式のプログラムを重ねるごとにアウトプットだけでなく、関係性も育まれていきました。

この一期生が単にワークアウトの場だけで活発な議論を交わすのではなく、職場と連動して取り組むことによって、次第にこのワークアウトは全社から注目されるようになりました。M&A後に社員の結束力を高めることをねらいに導入されたワークアウトは、この一期生の関係性が局所的に高まることをきっかけに全社に波及し、雰囲気づくりは成功しました。

若手の登竜門としての位置付け

以来、10年以上継続しているこのワークアウトの卒業生の多くがB社の幹部として活躍するようになり、文字どおりワークアウトは若手の登竜門のような位置付けとみなされるようになりました。そうした意識のもと選ばれる参加者は常に真剣そのもの。人事的な評価は存在しないものの、社内の誰もがワークアウトに注目していることを理解していますし、経営陣も期待しています。そのことを感じ取っている参加者は業務との掛け持ちであるために、相当ハードな期間を過ごしますが、それによって凝縮して業務を進めるコツを磨けると言います。次第に自らの課題に気づき始め、仕事の仕方も変えるようになります。いずれも自らが気づいて主体的に起こす変化です。こうして若手だった社員が職場を導けるリーダーとして成長していきます。

採用における効果も創出

B社ではワークアウトの取り組みを通じて、若手社員がフラットに経営者と対話できる距離の近いカルチャーを有している、ということが就職活動時の学生や中途採用候補者にも伝わっており、採用にプラスの効果をもたらしています。

まさにワークアウトはヒエラルキー型のトップダウンの取り組みではなく、経営陣と現場、社員同士のリレーションを重視したミドルアップダウンを象徴した取り組みであり、こうしたワークアウトを継続して実施している企業は、そのカルチャーを社内に醸成しているということに他なりません。

OB・OGプレゼンテーション

カルチャーとしてワークアウトが根付いているこの会社では、経営者に向けた最終プレゼンテーションの前に、過去にワークアウトに参加していた人が有志で集まり、意見を交わすOB・OGプレゼンテーションを実施しています。そこでは年代を超えた社員同士が、会社の課題や方向性についてフラットに意見を交わします。また温かくも厳しいフィードバックが連なり、最終プレゼンテーションを前にクオリティを上げる大切な機会となっています。また、参加するOB・OGも初心に返り、ワークアウトを通じて得た経験、スキル、プロセス、マインドを呼び起こす効果もあります。

　こうしてワークアウトを起点に、会社に変革をもたらすアウトプット、人材育成、文化づくりが長年にわたって受け継がれています。

ワークアウト人材を育成していく

本書では人材育成、組織開発の仕組みとして「らしさ」を生み出すバリューと経験学習サイクルを軸としたワークアウトの実践について解説をしてきました。

最後にお伝えしたいのが、「ワークアウトを自ら実践できる人材の育成」についてです。「外部のコンサルタントやファシリテーターが関わらなければワークアウトは実践できない」ということでは、長年にわたって組織づくり、人材育成を継続していくのは難しいでしょう。ワークアウトにおいて会社という場所は、失敗を許容する安全な〝砂場〟であり、緊張感を伴う本気の〝修羅場〟でもあります。そんな環境を創り出すことで人は自然と育っていきます。本書で紹介したこのような考え方を軸に、自社でワークアウトを実践し、より「らしさ」を軸にした組織づくり、人材育成を実践できる人材を育成していただくことが本書の目的でもあります。

ここでは「ワークアウト人材」を育成するうえでの考え方やポイントについて解説

をします。

「らしさ」を軸に考える

ワークアウトの根幹は何と言っても「らしさ」にあります。ワークアウト人材はまずこの「らしさ」を軸に、考えることの重要性を理解しておく必要があります。

本書で解説してきたことの繰り返しになりますが、「らしさ」を軸にした事業構築、組織開発、人材育成を司るエンジンとして、ワークアウトが位置付けられます。

そのためにも自社のミッションやビジョン、そしてウェイといったバリューをしっかりと理解し、体現できる人材であることが求められます。

4つのステップで表される経験学習サイクルをまわす

次に、ワークアウト人材は、本書で何度も解説している経験学習サイクルとしての

4つのステップを踏まえて、組織や人材と関われる人でなければなりません。その際質のよいステップを踏めるように、各ステップの本質的な目的と実践方法を理解しておく必要があります。本書で解説しているステップごとのポイントを再度確認して、実践につなげていただきたいと思います。

自身もワークアウトを率先する～セルフワークアウト

ワークアウト人材は組織やチーム、社員に働きかけるだけでなく、自身もまた「セルフワークアウト」をしながら常に新たな経験を獲得し、そこから解釈～判断、そしてさらなる行動を実践する人材でなければなりません。

人を育てるためには、自身が身をもって経験をしていくことが大切です。

私たちHRインスティテュートはコンサルタントとして、そして研修の講師としてクライアントに関わり、人前に立ち講義をしますが、常々「インディ・ジョーンズのような存在でなければならない」と考え、メンバーに伝えています。

あくまで映画の世界ですが、インディ・ジョーンズは常に挑戦し、新たな経験を積んだうえで、教授として生徒のもとに戻り、授業を通じて生徒たちに新たな経験に基づく解釈を届けています。

コンサルタントや上司、スポンサーなど、フィードバックをする立場にある人は客観的に分析し、仮説を述べることに加え、様々な経験を積み重ねることで人間力を養う必要があります。薄っぺらい人間がどんなに言説を並べたてても人は感情的に受け入れないでしょう。やはり人間としての魅力を積むことが大切です。それは経験を重ね、内省することによって磨かれていきます。セルフワークアウトを日々実践することがワークアウト人材には必要とされ、その実践に終わりはありません。

おわりに

2024年の3月11日、ちょうど13年前に東日本大震災が発生した日と同じ日に、私たちHRインスティテュートのメンバーは、2024年1月1日に発生した能登半島地震の被災地へ赴き、瓦礫の撤去などの支援をさせていただきました。私たちは毎年ビジョンツアーと称して、これからのビジョンを考えるためのツアーを実施していますが、今年はメンバーから能登でボランティア支援をしよう、という声が上がり支援の機会につながりました。

今回はいわゆる「視察」ではなく、メンバー全員がヘルメットや軍手を装着し、瓦礫（主に寺院の屋根瓦）の撤去をするという実際の「行動」がメインであったため、中には慣れない作業に不安を感じる人もいたと思います。しかし、バケツリレー方式で壊れた瓦を運び合ってトラックに積む作業などを通じて、自ら主体的に行動し、考え、問題解決に向けた支援をさせていただくことができました。これは実際に活動してみてわかったことですが、目の前にあった瓦礫が撤去され、少なくなっていくことで、人は前を向きやすくなり、これからのことを考え、行動を起こすことにつなげることができるようになるとのことでした。被災の現場に立ち向かうことで、テレビやニュースだけでは理解できない視点を持ち帰ることができたと感じています（被災された方々の生活の安定が得られるまで、会社としてこの機会だけに留まらず引き続き必要な支援を続けていくつもりです）。

私たちは普段コンサルタントや研修の講師として企業や社員のみなさまを支援する立場ではありますが、常に現場と実際の経験を重視することを自らに課しています。そして各クライアントからも机上で学ぶだけではない、実践や経験を重視するスタイルの研修が求められています。

本書で紹介したワークアウトの目的、価値を最後にもう一つ加えるとすると、それは「次世代にバトンを渡す」というものです。

私たちは企業の支援をしていますが、その目的は当然、企業の未来をより発展させ、業績を向上させ、その過程を通じて社会に貢献することです。そして、現在の当事者はいずれ舞台を去り、様々なことが次の世代へと受け継がれていきます。そう考えるとワークアウトを実施することは次世代へのリレーであり、「らしさ」をバトンにして受け継いでいく行為に他なりません。ワークアウトにより目の前の人と向き合いつつも、こうした長期目線の視野、視界を持って社会、組織、個人と向き合うことを大切にしています。

本書の制作に協力いただいた株式会社ディスカヴァー・トゥエンティワンの村尾純司さん、浅野目七重さん、同社のみなさまには、執筆にかかる長い期間、見守って下さりありがとうございました。そして、ずっと並走し、共に考え、本書の制作を支援いただいた池口祥司さんにも感謝をお伝えできればと思います。

最後に、ＨＲＩワークアウトの生みの親である「でーひょう」こと野口さん、ワークアウトを共に育んできたＨＲインスティテュート・メンバーのみんなに、心から感謝をお伝えします。

三坂　健

株式会社ＨＲインスティテュート　一同

株式会社HRインスティテュート

1993年設立。経営支援、組織・人材開発を主とする実践重視のコンサルティング会社。個人・チーム・組織の主体性を挽き出し社会を変えることをミッションに、ビジネスコンサルティング&研修プログラムの企画・開発・実施までを一貫して行う。年間300社超の会社に対し、経営課題をクライアントと共に解決する「ワークアウト」、即効性重視の実践型研修「ノウハウ・ドゥハウプログラム」を軸に展開している。顧客は日本のみならずアジアをはじめ、世界に広がっている。著書に『この1冊ですべてわかる〜人材マネジメントの基本』(日本実業出版社)、『人材育成コンサルタントが本気で考えた 全員転職時代のポータブルスキル大全』(KADOKAWA)、『図解オンライン研修入門』(ディスカヴァー・トゥエンティワン)がある。

三坂 健（みさか・けん）

株式会社HRインスティテュート
代表取締役社長／プリンシパルコンサルタント
慶應義塾大学経済学部卒業。安田火災海上保険株式会社（現・損害保険ジャパン株式会社）にて法人営業等に携わる。退社後、HRインスティテュートに参画。2020年1月より現職。企業向けの経営コンサルティングを中心に、組織・人材開発、新規事業開発など、様々な支援を行っている。また、各自治体の教育委員会、国立高等専門学校における指導・学習支援にも積極的に関わっている。

HRインスティテュート　WEBサイト　〜ワークアウトの紹介資料はコチラからダウンロードしていただけます。

ミライイ　「未来（ミライ）に向けて取り組む人を応援するメディア」　〜新しい気づきや行動へのヒントになる情報を発信しています。

BUSINESS WORKOUT
主体的なチームを創る実践型プログラム

発行日　2024年5月24日　第1刷

Author　株式会社HRインスティテュート、三坂健

Book Designer　沢田幸平（happeace）

発行　ディスカヴァービジネスパブリッシング

発売　株式会社ディスカヴァー・トゥエンティワン
〒102-0093　東京都千代田区平河町2-16-1 平河町森タワー11F
TEL　03-3237-8321（代表）03-3237-8345（営業）
FAX　03-3237-8323
https://d21.co.jp/

Publisher　谷口奈緒美
Editor　村尾純司　浅野目七重

Sales & Marketing Company
飯田智樹　庄司知世　蛯原昇　杉田彰子　古矢薫　佐藤昌幸　青木翔平
阿知波淳平　磯部隆　井筒浩　大﨑双葉　近江花渚　小田木もも　佐藤淳基
仙田彩歌　副島杏南　滝口景太郎　田山礼真　廣内悠理　松ノ下直輝　三輪真也
八木眸　山田諭志　古川菜津子　鈴木雄大　高原未来子　藤井多穂子
厚見アレックス太郎　伊藤香　伊藤由美　金野美穂　鈴木洋子　松浦麻恵

Product Management Company
大山聡子　大竹朝子　藤田浩芳　三谷祐一　千葉正幸　伊東佑真　榎本明日香
大田原恵美　小石亜季　野村美空　橋本莉奈　原典宏　星野悠果　牧野類
村尾純司　安永姫菜　浅野目七重　神日登美　波塚みなみ　林佳菜

Digital Solution & Production Company
大星多聞　小野航平　中島俊平　馮東平　森谷真一　青木涼馬　宇賀神実
舘瑞恵　津野主揮　西川なつか　野﨑竜海　野中保奈美　林秀樹　林秀規
元木優子　斎藤悠人　福田章平　小山怜那　千葉潤子　藤井かおり　町田加奈子

Headquarters
川島理　小関勝則　田中亜紀　山中麻吏　井上竜之介　奥田千晶　北野風生
徳間凜太郎　中西花　福永友紀　俵敬子　宮下祥子　池田望　石橋佐知子
丸山香織

Proofreader　小宮雄介
DTP＋図版制作　沢田幸平（happeace）
Printing　日経印刷株式会社

ISBN978-4-910286-07-5
BUSINESS WORKOUT HITO GA SODATSU TEAM WO TSUKURU JISSENGATA TRAINING by HRInstitute, Ken Misaka